この本の特色としくみ

JN084406

　本書は中学2年で学ぶ英語の内容を3段階のレベルに分けた，ハイレベル〔原則〕です。各レベルは
Step A（標準問題）と Step B（応用問題）の順になっていて，まとまりごとに Step C（難関レベル問題）があ
ります。各単元の Step A の終わりには，学習の差をつける「ここで差をつける！」を設けています。ま
た，重要な会話をまとめた会話表現や，入試対策としての長文問題，巻末には中学2年の内容をまとめた
「総合実力テスト」も設けているため，総合的な実力を確かめることができます。

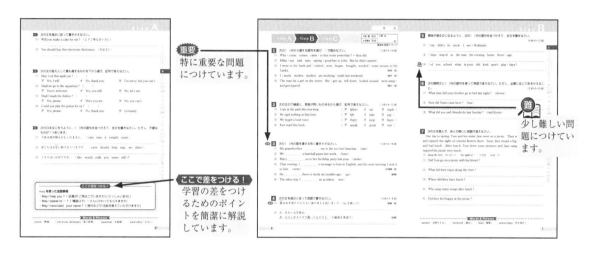

重要
特に重要な問題につけています。

ここで差をつける！
学習の差をつけるためのポイントを簡潔に解説しています。

難
少し難しい問題につけています。

本書に関する最新情報は，小社ホームページにある本書の「サポート情報」をご覧ください。（開設していない場合もございます。）
なお，この本の内容についての責任は小社にあり，内容に関するご質問は直接小社におよせください。

1 過 去 形 （一般動詞）

Step A ＞ Step B ＞ Step C

解答▶別冊2ページ

1 次の動詞の過去形を書きなさい。

(1) walk ＿＿＿＿＿＿　(2) practice ＿＿＿＿＿＿　(3) hurry ＿＿＿＿＿＿

(4) stop ＿＿＿＿＿＿　(5) catch ＿＿＿＿＿＿　(6) spend ＿＿＿＿＿＿

(7) grow ＿＿＿＿＿＿　(8) read ＿＿＿＿＿＿　(9) give ＿＿＿＿＿＿

(10) take ＿＿＿＿＿＿　(11) forget ＿＿＿＿＿＿　(12) leave ＿＿＿＿＿＿

2 次の日本文に合うように，＿＿に適語を入れなさい。

(1) 私たちは昨日の朝，テニスを楽しみました。

We ＿＿＿＿＿＿ tennis yesterday morning.

(2) 彼女はそのとき，日本語を話しませんでした。

She ＿＿＿＿＿＿ ＿＿＿＿＿＿ Japanese then.

(3) ケンは昨夜，2時間勉強しましたか。 — はい，しました。

＿＿＿＿＿＿ Ken ＿＿＿＿＿＿ for two hours ＿＿＿＿＿＿ night?

— Yes, he ＿＿＿＿＿＿.

3 次の意味が通るように，＿＿に適する語を右から選び，適する形に直して書きなさい。

(1) I ＿＿＿＿＿＿ a soccer game on TV yesterday.

(2) The girls ＿＿＿＿＿＿ on the stage three days ago.

(3) Ben ＿＿＿＿＿＿ a new bike last Sunday.

(4) Jane ＿＿＿＿＿＿ an e-mail to Yuka last night.

(5) Mike ＿＿＿＿＿＿ in Tokyo now.

buy	dance
live	send
watch	

4 次の文を指示に従って書きかえなさい。

(1) It rained a lot last month. （疑問文に）

＿＿＿＿＿＿＿＿＿＿＿＿＿＿＿＿＿＿＿＿＿＿＿＿＿＿＿＿＿

(2) I saw that boy in the park at that time. （否定文に）

＿＿＿＿＿＿＿＿＿＿＿＿＿＿＿＿＿＿＿＿＿＿＿＿＿＿＿＿＿

(3) We have lunch at the cafeteria every day. （下線部を yesterday にかえて）

＿＿＿＿＿＿＿＿＿＿＿＿＿＿＿＿＿＿＿＿＿＿＿＿＿＿＿＿＿

(4) Yuki sits on the bench with her friend. （過去の文に）

＿＿＿＿＿＿＿＿＿＿＿＿＿＿＿＿＿＿＿＿＿＿＿＿＿＿＿＿＿

5 次の日本文に合うように，次の（　）内の語句を並べかえて，全文を書きなさい。

(1) 父は昨日，自室で音楽を聞きました。

My (music, to, his room, father, in, listened) yesterday.

_____

(2) ユカリはそのとき，あなたに何か言いましたか。

(to, Yukari, then, anything, you, did, say) ?

_____

(3) 私は昨年，中国へは行きませんでした。

(China, go, not, last, I, to, did) year.

_____

6 次のメモはサユリ (Sayuri) の今朝の行動を表したものです。メモを参考にして，(1)〜(3)の問いに英語で答えなさい。

(1) What time did Sayuri get up ?

_____

(2) Did Sayuri take a walk before breakfast ?

_____

(3) What did Sayuri do with her friends ?

_____

サユリの今朝の行動
6:30　起床
7:30　朝食
8:00　公園を散歩
9:00　友だちと
買い物に行く

7 次の文を英語で書きなさい。

(1) 母は3日前にこの図書館を訪れました。

_____

(2) あなたは昨日，宿題をしましたか。— はい，しました。

_____

┏━━ **ここで差をつける！** ━━┓

形の変わらない不規則動詞は3人称単数の主語で時制を判断できる

【cut「切る」，hit「当たる」，put「置く」，read「読む」（過去形の発音は [red]）など】

・I read a newspaper.　　←時を表す語句がないと，時制がわからない

・Ken read a newspaper.　←時を表す語句がなくても，時制がわかる

　　　↑過去形（現在形なら reads になる）

━━━━━ **Words & Phrases** ━━━━━

□catch「つかまえる」　　□grow「育てる」　　□forget「忘れる」　　□on TV「テレビで」

□a lot「たくさん」　　□at that time「そのとき」　　□listen to 〜「〜を聞く」　　□anything「何か」

□get up「起きる」

1
2
3
Step C
4
5
6
Step C
7
8
Step C
会話表現(1)
9
10
11
Step C
会話表現(2)
12
13
Step C
14
15
Step C
会話表現(3)
16
17
18
Step C
長文問題
19
20
Step C
実力テスト

Step A 〉 Step B 〉 Step C

●時　間　30分　　●得　点
●合格点　70点　　　　　点

解答▶別冊 3 ページ

1 次の 3 つの語と下線部の発音が同じものを下からすべて選んで，記号で答えなさい。
（2 点×3—6 点）

(1)　needed（　　　　　　　）　　(2)　worked（　　　　　　　）
(3)　opened（　　　　　　　）

ア　called	イ　played	ウ　wanted	エ　washed	オ　reached
カ　passed	キ　watched	ク　studied	ケ　selected	コ　stopped

2 次の各組の文がほぼ同じ内容を表すように，＿＿に適語を入れなさい。
（3 点×3—9 点）

(1)　That man is the painter of the picture.
　　That man ＿＿＿＿＿＿ the picture.

(2)　Many people enjoyed the festival.
　　Many people ＿＿＿＿＿＿ a good time at the festival.

(3)　My uncle flew to Korea.
　　My uncle ＿＿＿＿＿＿ to Korea by plane.

3 次の文を指示に従って書きかえなさい。
（4 点×4—16 点）

(1)　Tom read this book.　（否定文に）

(2)　The boy found this letter in the classroom.　（疑問文にして，Yes で答える）

(3)　Yuki's teacher put the bag on the desk.　（下線部をたずねる疑問文に）

(4)　Maki wore a blue dress at the party.　（下線部をたずねる疑問文に）

4 次の文の意味を書きなさい。
（4 点×4—16 点）

(1)　My son caught a lot of fish last Sunday.
　　（　　　　　　　　　　　　　　　　　　）

(2)　Ken had a stomachache this morning.
　　（　　　　　　　　　　　　　　　　　　）

(3)　He fell and hit his head.
　　（　　　　　　　　　　　　　　　　　　）

(4)　Who made this beautiful bag ? — My mother did.
　　（　　　　　　　　　　　　　　　　　　）

要 5 次の日本文に合うように，（ ）内の語句を並べかえて，全文を書きなさい。必要に応じて下線部の語の形を変えること。 （5点×4—20点）

(1) その少年は何度も私を振り返りました。
（ the boy, times, back, <u>look</u>, many, at me ）.

_____

(2) ケンタはおとといカナダに出発しました。
Kenta (before, for, yesterday, <u>leave</u>, the day, Canada).

_____

(3) そのときかわいい犬が私に近づいてきました。
A cute (up, at, to, time, dog, me, <u>come</u>, that).

_____

(4) 姉は私にケーキを1切れ切ってくれました。
(a piece, me, my sister, cake, of, <u>cut</u>, for).

_____

6 次の文を読んで，あとの問いに英語で答えなさい。 （5点×3—15点）

　ジムとメアリーは仲のよい夫婦でした。彼らはとても愛し合っていました。メアリーの誕生日が近づいてきていました。ジムはメアリーに人形を買ってやりたかったのですが，お金があまりありませんでした。そこでジムは彼女のために人形を作りました。それから小さな髪留め(a hair accessory)を買いました。メアリーはとても喜びました。

(1) Did Jim love Mary ? _____

(2) Did Jim buy a doll for Mary ? _____

(3) What did Jim buy for Mary ? _____

7 次の文を英語で書きなさい。 （6点×3—18点）

(1) あなたは昨日どんなスポーツをしましたか。

_____

(2) 何人の人がその会議(meeting)に参加しましたか。

_____

(3) 父は昨夜は早く寝ました。

_____

>>>>>>>>>>>>>>>>>>>>>>>>>>>>>>>>> **Words & Phrases** <<<<<<<<<<<<<<<<<<<<<<<<<<<<<<<<

□reach「着く，到着する」 　□select「選択する」 　□flew　fly「飛行機に乗る」の過去形 　□put「置く」
□wore　wear「着ている」の過去形 　□son「息子」 　□stomachache「腹痛」
□look back at ～「～を振り返る」 　□come up to ～「～に近づく」 　□a piece of ～「1切れの～」

Step A 〉 Step B 〉 Step C

1 次の（　）内から適する語句を選び，○で囲みなさい。　　　　　（ 2 点×5—10 点）

(1) Who (come,　comes,　came) to this room yesterday ? — Ken did.

(2) Mika (say,　said,　says,　saying) good-bye to John.　But he didn't answer.

(3) I went to the bank and (visited,　sent,　began,　bought,　needed) some money to Sri Lanka.　〔秋田—改〕

(4) I (study,　studies,　studied,　am studying) math last weekend.　〔栃木—改〕

(5) The man hit a girl on the street.　She (got up,　fell down,　looked around,　went away) and got injured.　〔香川—改〕

2 次の文の下線部と，発音が同じものを右から選び，記号で答えなさい。　（ 3 点×4—12 点）

(1) I r<u>a</u>n in the park this morning.　〔 ア　f<u>a</u>ther　イ　s<u>a</u>t　ウ　m<u>a</u>de 〕

(2) He s<u>ai</u>d nothing at that time.　〔 ア　f<u>e</u>lt　イ　t<u>a</u>ke　ウ　p<u>a</u>y 〕

(3) We h<u>ea</u>rd a loud voice.　〔 ア　th<u>ere</u>　イ　n<u>ear</u>　ウ　l<u>ear</u>n 〕

(4) Ken r<u>ea</u>d this book.　〔 ア　sp<u>ea</u>k　イ　gr<u>ea</u>t　ウ　m<u>e</u>t 〕

3 重要　次の（　）内の語を適する形に書きかえなさい。　　　　　（ 3 点×6—18 点）

(1) My grandmother ＿＿＿＿＿＿ me to the zoo last Saturday.　（take）

(2) We ＿＿＿＿＿＿ a baseball game last week.　（have）

(3) Mary ＿＿＿＿＿＿ us to her birthday party last year.　（invite）

(4) That evening, I ＿＿＿＿＿＿ a message to him in English, and the next morning I sent it to him.　（write）　〔北海道—改〕

(5) He ＿＿＿＿＿＿ there to study six months ago.　（go）　〔新潟〕

(6) The other day, I ＿＿＿＿＿＿ an accident.　（see）

4 次の文を指示に従って英語で書きなさい。　　　　　　　　　　（ 4 点×2—8 点）

重要 (1) 彼はお年寄りの人たちに彼の考えを話しました。（to を使って）　〔宮城—改〕

＿＿

(2) A : きれいな写真ね。
　　B : <u>父さんがカナダで撮ったものだよ。</u>（下線部を英語で）　〔佐賀〕

＿＿

5 意味が通る文になるように，次の（ ）内の語句を並べかえて，全文を書きなさい。

（4点×3—12点）

(1) （ my, didn't, in, uncle, I, see ）Hokkaido.

_____

(2) （ days, stayed, in, the man, the evening, home, three ）ago.

_____

(3) （ of, you, school, what, in your, did, kind, sport, play ）days ?

_____

6 次の疑問文に（ ）内の語句を使って英語で答えなさい。ただし，必要に応じて形をかえること。

（5点×3—15点）

(1) What time did your brother go to bed last night ? （eleven）

_____

(2) How did Yumi come here ? （bus）

_____

(3) What did you and Atsushi do last Sunday ? （visit Kyoto）

_____

7 次の文を読んで，あとの問いに英語で答えなさい。　　　　（5点×5—25点）

　　One day in spring, Tom and his sister Jane went on a picnic. They walked along the river and enjoyed the sight of colorful flowers there. Soon, they found a big rock. They sat on it and had lunch. After lunch, Tom drew some pictures and Jane sang many songs. They enjoyed the picnic very much.

注 along the river 川に沿って　　the sight of ～ ～の光景　　rock 岩

(1) Did Tom go on a picnic with his friend ?

_____

(2) What did they enjoy along the river ?

_____

(3) Where did they have lunch ?

_____

(4) Who sang many songs after lunch ?

_____

(5) Did they feel happy at the picnic ?

_____

▶ **Words & Phrases** ◀

□answer「返事をする」　　□weekend「週末」　　□kind「種類」　　□school days「学生時代」

2 過 去 形 (be 動詞)

Step A 〉 Step B 〉 Step C 〉

解答▶別冊 4 ページ

1 次の___にあてはまる語を下から選びなさい。同じ語を何度使ってもよい。

(1) I _____ in the seventh grade last year.

(2) They _____ in the classroom now.

(3) We _____ very hungry then.

(4) Hello, Jane. This _____ my sister Haruka.

(5) It _____ cloudy this morning, but it _____ sunny now.

(6) _____ she a tennis player ten years ago ?

(7) _____ your father stay home yesterday ?

(8) _____ you sick last week ?

〔is, am, are, was, were, do, does, did〕

2 次の文に (　) 内の語句を加えて，過去の文に書きかえなさい。

(1) I'm in Canada. (last summer)

_____

(2) Ken and his brother aren't at home. (three days ago)

_____

(3) Are you busy ? (last night)

_____

(4) How is the weather ? (yesterday)

_____

3 次の文の意味を書きなさい。

(1) My dog was under the tree at that time.

(　　　　　　　　　　　　　　　　　　　　　　　　　　)

(2) He was absent from school yesterday.

(　　　　　　　　　　　　　　　　　　　　　　　　　　)

(3) Were you late for the meeting ? — Yes, I was.

(　　　　　　　　　　　　　　　　　　　　　　　　　　)

(4) He wasn't with me last weekend.

(　　　　　　　　　　　　　　　　　　　　　　　　　　)

4 次の日本文に合うように，____に適語を入れなさい。

(1) ケンと私は昨年，同じクラスでした。

Ken and I _____ in the same class last year.

(2) 今朝は晴れていませんでした。

It _____ sunny this morning.

(3) 彼らは昨日，ひまでしたか。— いいえ，ひまではありませんでした。

_____ they free yesterday? — No, they _____.

(4) 昨夜の映画はどうでしたか。— とても興味深かったですよ。

How _____ the movie last night? — It _____ very interesting.

5 次の日本文に合うように，( )内の語句を並べかえて，全文を書きなさい。ただし，不要なものが1つあります。

(1) 彼は私にとても親切でした。

(to, is, very, he, kind, me, was).

_____

(2) 私たちは放課後，教室にいました。

(in, we, after, was, were, the classroom) school.

_____

(3) 彼は昨年，あなたの先生でしたか。

(did, year, your, he, teacher, was, last)?

_____

(4) これらの本はあまり役に立ちませんでした。

(useful, not, these books, did, were, very).

_____

ここで差をつける！

was / were の意味

・「(主語は) ～でした」(状態)…〈was〔were〕＋形容詞〔名詞〕〉

I was <u>busy</u> then.(疲れていた)　　We were <u>students</u>.（学生だった）

・「(主語は) ～にいました」(存在)…〈be 動詞＋場所を表す語句など〉

I was <u>in the park</u>.(公園にいた)　　We were <u>with him</u>.（彼といた）

Words & Phrases

□grade「学年」　□hungry「空腹の」　□sick「病気の」　□busy「忙しい」
□be absent from ～「～を休む，欠席している」　□be late for ～「～に遅れる」　□the same「同じ」
□free「ひまな」　□be kind to ～「～に親切である」　□useful「役に立つ」

Step A　Step B　Step C

●時 間 30分　●得 点
●合格点 70点　　　　点
解答▶別冊5ページ

1 次の文を指示に従って書きかえなさい。　（3点×6—18点）

(1)　He's in the sixth grade.　（last year をつけ加えて）

_____

(2)　This book was interesting.　（疑問文に）

_____

(3)　We were at school then.　（否定文に）

_____

(4)　They were in the library after school.　（下線部をたずねる疑問文に）

_____

(5)　Mike was in the museum last Sunday.　（下線部をたずねる疑問文に）

_____

(6)　That was an easy question.　（下線部を Those にかえて）

_____

2 （　）内の語を使って，次の問いに主語と動詞のある英語で答えなさい。　（4点×5—20点）

(1)　Was it cold last night ?　（Yes）

_____

(2)　Were you junior high school students last year ?　（No）

_____

(3)　Where was your father last Sunday ?　（Osaka）

_____

(4)　How was the weather yesterday ?　（rainy）

_____

(5)　Who was absent from school ?　（Kenji）

_____

3 次の各組の文がほぼ同じ内容を表すように，____に適語を入れなさい。　（4点×3—12点）

(1)　Mr. Brown taught English at our school last year.
　　　Mr. Brown _____ our English _____ last year.

(2)　He was free then.
　　　He _____ busy at _____ time.

(3)　Did it snow last Sunday ?
　　　_____ _____ snowy last Sunday ?

要 **4** 次の文を英語で書きなさい。 （5点×6—30点）

(1) これらの本は姉のものでした。

_____

(2) 私は注意深くありませんでした。

_____

(3) あなたは昨日，家にいましたか。

_____

(4) 彼_{かれ}のかばんは何色でしたか。

_____

(5) だれがそのとき教室にいましたか。

_____

(6) 箱の中に何がありましたか。

_____

難 **5** 次の文を読んで，あとの問いに主語と動詞のある英語で答えなさい。 （4点×5—20点）

Megumi went to the Food Festival at Midori Park on Saturday afternoon. It was sunny and warm. A lot of people visited the festival. They enjoyed food from different countries there. Megumi also ate a delicious Korean food. She had a good time at festival.

(1) Where was Megumi on Saturday afternoon ?

_____

(2) Was it cold on Saturday afternoon ?

_____

(3) Were many people at the festival ?

_____

(4) How was the Korean food there ?

_____

(5) Did Megumi enjoy the festival ?

_____

>>>>>>>>>>>>>>>>>>>>>>>>>>>>> **Words & Phrases** <<<<<<<<<<<<<<<<<<<<<<<<<<<<<

□junior high school「中学校」 □snow「雪が降る」 □snowy「雪降りの」 □festival「祭り」
□warm「暖かい」 □delicious 「とてもおいしい」 □Korean「韓国_{かん}の」
□have a good time「楽しく過ごす」

1
2
3
Step C
4
5
6
Step C
7
8
Step C
会話表現 (1)
9
10
11
Step C
会話表現 (2)
12
13
Step C
14
15
Step C
会話表現 (3)
16
17
18
Step C
長文問題
19
20
Step C
実力テスト

3 過去進行形

解答▶別冊6ページ

1 次の動詞の現在分詞 (〜ing) を書きなさい。

(1) look ＿＿＿＿＿＿＿　　(2) study ＿＿＿＿＿＿＿　　(3) come ＿＿＿＿＿＿＿

(4) practice ＿＿＿＿＿＿＿　(5) plan ＿＿＿＿＿＿＿　　(6) clean ＿＿＿＿＿＿＿

(7) stay ＿＿＿＿＿＿＿　　(8) sit ＿＿＿＿＿＿＿　　(9) run ＿＿＿＿＿＿＿

(10) swim ＿＿＿＿＿＿＿　　(11) write ＿＿＿＿＿＿＿　(12) die ＿＿＿＿＿＿＿

2 次の (　) 内から適語を選び，○で囲みなさい。

(1) They were (help, helping, helped) each other.

(2) (Did, Is, Was) she washing dishes at that time ?

(3) It (rains, raining, rained) hard yesterday.

(4) What (did, are, were) you doing at nine last night ?

(5) He was hungry. So he (was wanting, wanted) some food.

3 次の文を指示に従って書きかえなさい。

(1) I'm listening to music now.　（下線部を at that time にかえて）

＿＿＿＿＿＿＿＿＿＿＿＿＿＿＿＿＿＿＿＿＿＿＿＿＿＿＿＿＿＿＿＿＿＿

(2) A student was eating lunch over there.　（下線部を some にかえて）

＿＿＿＿＿＿＿＿＿＿＿＿＿＿＿＿＿＿＿＿＿＿＿＿＿＿＿＿＿＿＿＿＿＿

(3) She danced very well.　（過去進行形の文に）

＿＿＿＿＿＿＿＿＿＿＿＿＿＿＿＿＿＿＿＿＿＿＿＿＿＿＿＿＿＿＿＿＿＿

(4) They had a good time.　（過去進行形の文に）

＿＿＿＿＿＿＿＿＿＿＿＿＿＿＿＿＿＿＿＿＿＿＿＿＿＿＿＿＿＿＿＿＿＿

(5) It was getting dark.　（疑問文に）

＿＿＿＿＿＿＿＿＿＿＿＿＿＿＿＿＿＿＿＿＿＿＿＿＿＿＿＿＿＿＿＿＿＿

(6) Those birds were singing.　（疑問文に）

＿＿＿＿＿＿＿＿＿＿＿＿＿＿＿＿＿＿＿＿＿＿＿＿＿＿＿＿＿＿＿＿＿＿

(7) Mr. Yamada was driving to school.　（否定文に）

＿＿＿＿＿＿＿＿＿＿＿＿＿＿＿＿＿＿＿＿＿＿＿＿＿＿＿＿＿＿＿＿＿＿

(8) We were talking in the park.　（否定文に）

＿＿＿＿＿＿＿＿＿＿＿＿＿＿＿＿＿＿＿＿＿＿＿＿＿＿＿＿＿＿＿＿＿＿

4 次の日本文に合うように，＿＿に適語を入れなさい。

(1) 彼は自分の部屋で宿題をしていました。

He ＿＿＿＿＿＿＿ ＿＿＿＿＿＿＿ his homework in his room.

(2) 私たちは彼のことをとてもよく知っていました。

We ＿＿＿＿＿＿＿ him very well.

(3) 彼らはそのとき，テレビを見ていませんでした。

They ＿＿＿＿＿＿＿ ＿＿＿＿＿＿＿ TV then.

(4) そのとき雨が激しく降っていましたか。— はい，降っていました。

＿＿＿＿＿＿＿ it ＿＿＿＿＿＿＿ hard at that time ?

— Yes, it ＿＿＿＿＿＿＿.

(5) あなたたちは公園で何をしていましたか。— 私たちはそこで散歩をしていました。

What ＿＿＿＿＿＿＿ you ＿＿＿＿＿＿＿ in the park ?

— We ＿＿＿＿＿＿＿ ＿＿＿＿＿＿＿ a walk there.

(6) だれがこの机を使っていましたか。— トムが使っていました。

Who ＿＿＿＿＿＿＿ ＿＿＿＿＿＿＿ this desk ?

— Tom ＿＿＿＿＿＿＿.

5 次の文の意味を書きなさい。

(1) His parents were traveling around the world.

(　　　　　　　　　　　　　　　　　　　　　　　　　　　　　)

(2) Was she drawing a picture of that lake ? — No, she wasn't.

(　　　　　　　　　　　　　　　　　　　　　　　　　　　　　)

(3) I wasn't reading a book at that time.

(　　　　　　　　　　　　　　　　　　　　　　　　　　　　　)

ここで差をつける！

過去を表す語句を覚える

・yesterday「昨日」，the other day「先日」，at that time「そのとき」
　the day before yesterday「一昨日（おととい）」など

・last ～「この前の～」：last week「先週」，last Sunday「この前の日曜日」

・～ ago「～前」：three days ago「3日前」，ten years ago「10年前」

▶ **Words & Phrases** ◀

□die「死ぬ」　　□dish「皿」　　□at that time「そのとき」　　□over there「向こうで」
□get dark「暗くなる」　　□drive to ～「～へ車で行く」　　□parents「両親」　　□draw「（絵）を描く」

Step A 〉 Step B 〉 Step C

●時　間　30分　●得　点
●合格点　70点　　　　点

解答▶別冊7ページ

1 次の文の（　）内の動詞を正しい形にかえなさい。　　　　　　　　（2点×5—10点）

(1) We were (hurry) to the station.

(2) It was (get) cold outside.

(3) He was (take) a bath then.

(4) They were (ski) in Hokkaido.

(5) I was (lie) on the bed.

2 次の文を指示に従って書きかえなさい。　　　　　　　　　　　　　（4点×5—20点）

(1) He read a comic book. （進行形の文に）

(2) Did many birds sit in a tree ? （進行形の文に）

(3) She didn't swim in the river. （進行形の文に）

(4) They were <u>watching TV</u> after dinner. （下線部をたずねる疑問文に）

(5) <u>Ryoko</u> was talking to Mr. Smith. （下線部をたずねる疑問文に）

重要 **3** 次の日本文に合うように，（　）内の語句を並べかえて，全文を書きなさい。ただし，下線部の語の形をかえること。　　　　　　　　　　　　　　　　　　　　　　　　（5点×4—20点）

(1) 犬はソファーのそばで眠（ねむ）っていました。
(by, was, the dog, <u>sleep</u>, the sofa).

(2) 私たちはサッカーチームに所属していました。
(<u>belong</u>, team, we, the, to, soccer).

(3) だれがあなたとテニスをしていましたか。
(you, tennis, who, <u>be</u>, with, playing)?

(4) あなたはそのとき何について考えていましたか。
(about, what, you, then, <u>think</u>, were)?

4 （　）内の語句を使って，次の問いに主語と動詞のある英語で答えなさい。　　（4点×5—20点）

(1) Was your mother cooking in the kitchen ?　（Yes）

_____

(2) Were the students taking a test ?　（No）

_____

(3) What was he looking for ?　（his key）

_____

(4) Where were they running ?　（in the park）

_____

(5) Who was dancing over there ?　（Kumi and Yuka）

_____

5 次の文を読んで，あとの問いに主語と動詞のある英語で答えなさい。　　（6点×3—18点）

　Masaki walked to the park with his dog on Sunday morning. It was snowing a little, but many people were there. Some people were running and others were walking. Masaki saw Yuri under the tree. She was playing with her dog. Masaki joined them. Yuri and Masaki threw a ball. Their dogs ran and caught it. Masaki spent the Sunday morning pleasantly with Yuri.

(1) Was it raining on Sunday morning ?

_____

(2) Where in the park was Yuri playing with her dog ?

_____

(3) Did Masaki have a bad time with Yuri ?

_____

6 次の文を英語で書きなさい。　　（6点×2—12点）

(1) 私たちは自分たちの教室の掃除をしていました。

_____

(2) 彼はそのレストランで何を食べていましたか。

_____

▶ **Words & Phrases** ◀

□hurry to ～「～へ急ぐ」　　□take a bath「入浴する」　　□ski「スキーをする」　　□lie「横たわる」
□sit「(鳥が)止まる」　　□belong to ～「～に所属する」　　□look for ～「～を探す」
□threw　throw「投げる」の過去形　　□spent　spend「(時)を過ごす」の過去形
□pleasantly「楽しく」

Step A　Step B　**Step C**

●時 間 30分	●得 点
●合格点 70点	点

解答▶別冊 8 ページ

1 次の（　）内から適語を選び，記号で答えなさい。　　　　　　　　　（4 点×4―16 点）

(1) 私は放課後ここで泳ぎました。

I（ア　swim　イ　swam　ウ　swimed）here after school.

(2) ユカはそのとき，サラダを作っていました。

Yuka（ア　was making　イ　made　ウ　makes）a salad at that time.

(3) ジャックはコンピュータを必要としていました。

Jack（ア　needs　イ　needed　ウ　was needing）a computer.

(4) ナオコとコウジは昨日，京都にいました。

Naoko and Koji（ア　was　イ　was staying　ウ　were）in Kyoto yesterday.

(1)
(2)
(3)
(4)

2 次の各組の文がほぼ同じ内容になるように，＿＿に適語を入れなさい。　（4 点×4―16 点）

(1) { I had a good sleep last night.
I ＿＿＿＿＿＿ well last night.　　　　　　　〔駒込高―改〕

(2) { My grandmother had long hair.
My grandmother's hair ＿＿＿＿＿＿ long.

(3) { His uncle went to Hokkaido by plane.
His uncle ＿＿＿＿＿＿ to Hokkaido.　　〔大阪教育大附高（平野）〕

(4) { We had a lot of rain last month.
It ＿＿＿＿＿＿ a lot last month.

(1)
(2)
(3)
(4)

3 次の日本文に合うように，（　）内の語句を並べかえて，全文を書きなさい。ただし，(1)(2)は不要な語が 1 語あります。

(1) 私は 9 時に家を出て駅に向かいました。

(at, left, the station, I, nine, for, home, to).

(2) 何人の子どもたちが授業に遅れたのですか。

(were, how, for, children, the class, many, was, late) ?

(3) 私の日本人の友だちで，ホームシックになった人もいたわ。　　　　〔国立工業高専〕

Some (Japanese, homesick, became, my, of, friends).

（5 点×3―15 点）

(1)
(2)
(3)

Step C

4 次の対話が成り立つように，＿＿に適語を入れなさい。 （4点×4—16点）

(1) A : ＿＿＿＿＿ ＿＿＿＿＿ you last weekend ?
　　B : I was in Hokkaido. I skied there.

(2) A : Who ＿＿＿＿＿ playing tennis in the playground then ?
　　B : Ken and Mike ＿＿＿＿＿.

(3) A : What ＿＿＿＿＿ you buy at the store last Sunday ?
　　B : I ＿＿＿＿＿ a new bag.

(4) A : Maki ＿＿＿＿＿ not at school yesterday.
　　B : Pardon ?
　　A : Maki was ＿＿＿＿＿ from school yesterday.

5 次の文章の内容に合うように，（　）内から適語を選びなさい。 （4点×4—16点）
〔大阪—改〕

　春休み中に，私は友人のメアリーと一緒に公園へ行き，桜の花(cherry blossom)を見ました。桜の花は美しかったです。私たちは桜(cherry)の木の下で昼食を食べました。彼女は楽しそうで，私も楽しく感じました。私たちはたくさんの写真を撮り，すばらしい時間を過ごしました。

　During the spring (1)(trip, vacation, way), I went to the park and saw cherry blossoms with my friend, Mary. They were (2)(beautiful, right, sick). We had lunch (3)(on, through, under) a cherry tree. She looked happy, and I also felt happy. We took a lot of pictures, and had a wonderful (4)(culture, season, time).

注　look～　～に見える　　felt　feel～「～に感じる」の過去形

6 次の文を英語で書きなさい。(1)は（　）内の語句を使うこと。 〔ラ・サール高〕

(1) 先日屋久島についての本を読んだよ。(Yakushima Island)
(2) ぼくは父さんとキャッチボールをしたよ。
(3) あの試合は本当に興奮したよ。
（7点×3—21点）

17

4 未来表現

Step A 〉 Step B 〉 Step C

解答▶別冊 8 ページ

1 次の ( ) 内から適語を選び，○で囲みなさい。

(1) He will (wash, washing, washes) his car.

(2) It'll (is, be, not) rainy this evening.

(3) (Will, Are, Do) you be home next Sunday ?

(4) He is going to (plays, playing, play) soccer tomorrow.

(5) Are you going to visit Kyoto ? — Yes, I (do, was, am).

(6) I (was, will be, am) fifteen next year.

(7) She (doesn't, isn't, won't) practice the piano tomorrow.

2 次の文に ( ) 内の語句を加え，will を使って未来の文にしなさい。

(1) Ken goes to the library.　(tomorrow)

_____

(2) My mother is forty years old.　(next April)

_____

(3) She doesn't watch TV.　(tonight)

_____

(4) Are you busy ?　(this afternoon)

_____

3 次の文を be going to を使ってほぼ同じ意味の文に書きかえなさい。

(1) She will talk about her family.

_____

(2) I'll go to the park.

_____

(3) Will you study Chinese ?

_____

(4) We won't play soccer tomorrow.

_____

4 次の日本文に合うように，＿＿に適語を入れなさい。

(1) 彼は今夜，彼女に電話をするつもりです。

He ＿＿＿＿＿＿ ＿＿＿＿＿＿ to call her tonight.

(2) 私は新しい自転車を買うつもりです。

I'm going ＿＿＿＿＿＿ ＿＿＿＿＿＿ a new bike.

(3) 私たちは明日，英語のテストがあります。

We ＿＿＿＿＿＿ ＿＿＿＿＿＿ an English test tomorrow.

(4) 明日は雨が降りますか。― いいえ，降りません。

＿＿＿＿＿＿ it ＿＿＿＿＿＿ tomorrow?

― No, it ＿＿＿＿＿＿.

(5) 彼らは公園で何をするつもりですか。― 彼らは走るつもりです。

What ＿＿＿＿＿＿ they ＿＿＿＿＿＿ to do in the park?

― They ＿＿＿＿＿＿ ＿＿＿＿＿＿ to run.

(6) 彼女はあなたと一緒に行くつもりではありません。

She is ＿＿＿＿＿＿ ＿＿＿＿＿＿ to go with you.

5 次の文の意味を書きなさい。

(1) He is going to Tokyo next week.

( )

(2) She won't pass the exam.

( )

(3) Are you going to get up early tomorrow? ― No, I'm not.

( )

(4) How will the weather be tonight?

( )

1
2
3
Step C
4
5
6
Step C
7
8
Step C
会話表現(1)
9
10
11
Step C
会話表現(2)
12
13
Step C
14
15
Step C
会話表現(3)
16
17
18
Step C
長文問題
19
20
Step C
実力テスト

━━━━━━━━━━━━━━ **◄ここで差をつける！►** ━━━━━━━━━━━━━━

未来を表す語句を覚える

・tomorrow「明日」，some day「いつか」，in the future「将来」
　soon「すぐに，まもなく」，the day after tomorrow「明後日（あさって）」など

・next 〜「次の〜」：next week「来週」，next Sunday「次の日曜日」

╺╺╺╺╺╺╺╺╺╺╺╺╺╺╺╺╺╺╺ **► Words & Phrases ◄** ◄╺╺╺╺╺╺╺╺╺╺╺╺╺╺╺╺╺╺

□wash「洗う」　　□rainy「雨降りの」　　□tonight「今夜」　　□Chinese「中国語」　　□test「テスト」
□pass「（試験）に合格する」　　□exam「試験」　　□get up「起きる」　　□weather「天気」

Step A 〉 Step B 〉 Step C

1 次の文を指示に従って書きかえなさい。　　　　　　　　　　　　　　（4点×6—24点）

(1)　He studies math.　（未来の文に）
_____

(2)　Is Mary going to go shopping tomorrow?　（will を使ってほぼ同じ意味の文に）
_____

(3)　He won't do his homework tonight.　（be going to を使ってほぼ同じ意味の文に）
_____

(4)　I'm fifteen years old.　（文末に next year を加えて will の文に）
_____

(5)　Ayako will go to the museum by bus.　（下線部をたずねる疑問文に）
_____

(6)　She is going to visit Okinawa next month.　（下線部をたずねる疑問文に）
_____

重要 **2** 次の文の意味を書きなさい。　　　　　　　　　　　　　　　　　　（4点×4—16点）

(1)　My father is coming home soon.
　　（　　　　　　　　　　　　　　　　　　　　　　　　　　　　　　　　）

(2)　It'll be sunny and hot the day after tomorrow.
　　（　　　　　　　　　　　　　　　　　　　　　　　　　　　　　　　　）

(3)　What are you going to be in the future?
　　（　　　　　　　　　　　　　　　　　　　　　　　　　　　　　　　　）

(4)　I will never forget your kindness.
　　（　　　　　　　　　　　　　　　　　　　　　　　　　　　　　　　　）

3 （　）内の語を使って，次の問いに3語以上の英語で答えなさい。　（4点×3—12点）

(1)　Are you going to play tennis tomorrow?　（Yes）
_____

(2)　Will you read this book?　（No）
_____

(3)　How will the weather be this evening?　（cloudy）
_____

4 次の日本文に合うように,（　）内の語句を並べかえて,全文を書きなさい。ただし,不要なものが1つあります。　　　　（5点×3—15点）

(1) 私は来週,奈良に行くつもりです。
（ am, go, to, will, to, I, Nara, going) next week.

_____

(2) あなたは明日,家にいるつもりですか。
（ tomorrow, be, you, home, are, will) ?

_____

(3) バスは時間どおりに着かないでしょう。
（ not, on time, arrive, the bus, will, is).

_____

5 次の文を読んで,あとの問いに主語と動詞のある英語で答えなさい。　　（5点×3—15点）

　Mr. Smith is going back to America next Wednesday. So his students will have a party for him in the computer room this Saturday afternoon. The party will begin at two o'clock. The students will sing songs for Mr. Smith. Keiko will play the piano and Masashi will play the guitar.

(1) When will Mr. Smith go back to America ?

_____

(2) What time will the party start ?

_____

(3) Who is going to play the piano ?

_____

6 次の文を英語で書きなさい。　　（6点×3—18点）

(1) 私は彼らに加わるつもりです。（be going to を使って）

_____

(2) サッカーの試合がもうすぐ始まるでしょう。（will を使って）

_____

(3) 彼はその店で何を買うつもりですか。

_____

> **Words & Phrases**

□go shopping「買い物に行く」　□soon「まもなく」　□the day after tomorrow「明後日」
□in the future「将来」　□never「決して〜ない」　□forget「忘れる」　□kindness「親切」
□cloudy「曇った」　□on time「時間どおりに」　□arrive「着く」

5 have to 〜, must

Step A 〉 Step B 〉 Step C

解答▶別冊 10 ページ

1 次の文の意味を書きなさい。

(1) We must clean our classroom.

（　　　　　　　　　　　　　　　　　　　　　　　　　　　　　）

(2) You mustn't eat food in this room.

（　　　　　　　　　　　　　　　　　　　　　　　　　　　　　）

(3) Must I carry the bag ? — No, you don't have to.

（　　　　　　　　　　　　　　　　　　　　　　　　　　　　　）

(4) I have to practice tennis today.

（　　　　　　　　　　　　　　　　　　　　　　　　　　　　　）

2 次の文を指示に従って書きかえなさい。

(1) She has to leave Japan. （疑問文に）

_____

(2) You must write a report. （「〜する必要はない」という意味の否定文に）

_____

(3) He can dance well. （過去の文に）

_____

(4) They must finish this work. （過去の文に）

_____

(5) You can run fast. （未来の文に）

_____

3 次の日本文に合うように，（　）内の語句を並べかえて，全文を書きなさい。ただし，不要なものが1つあります。

(1) 彼女は今日，学校に行かなければなりません。

(has, she, go, school, must, to) today.

_____

(2) あなたはトムに会う必要はありません。

(have, mustn't, to, don't, you, Tom, meet).

_____

4 次の日本文に合うように，＿＿に適語を入れなさい。

(1) その知らせが本当であるはずがありません。

The news ＿＿＿＿＿＿ be true.

(2) 外出してはいけません。

You ＿＿＿＿＿＿ ＿＿＿＿＿＿ go out.

(3) あなたは来年，カナダに滞在_{たい}しなければならないでしょう。

You ＿＿＿＿＿ ＿＿＿＿＿＿ ＿＿＿＿＿＿ stay in Canada next year.

(4) 彼_{かれ}らは疲_{つか}れているにちがいありません。

They ＿＿＿＿＿＿ be tired.

(5) 彼_{かの}女は上手に歌うことができましたか。― いいえ，できませんでした。

＿＿＿＿＿＿ she ＿＿＿＿＿＿ to sing well ?

― No, she ＿＿＿＿＿＿.

(6) あなたは早く帰らなければなりませんか。― はい，早く帰らなければなりません。

＿＿＿＿＿＿ you go home early ?

― Yes, I ＿＿＿＿＿＿.

5 次の（ ）内から適語を選び，○で囲みなさい。

(1) He will (is, was, be) able to speak Chinese.

(2) You (have, had, has) better stay home today.

(3) You (don't have, need not, must) do the work. I'll do it.

(4) (Can, Will, Must) I read this book ? ― No, you don't have to.

(5) He (has to, had to, must) go to bed early last night.

(6) I (can't, couldn't, wasn't able) go shopping last Sunday.

(7) Do you have to get up at six ? ― Yes, I (do, have, am).

ここで差をつける！

must と have to の疑問文と答え方

「しなければならないのか」には「しなければならない」（義務）／「する必要はない」（不必要）と答える

・Must I finish the work ? ― Yes, you must. ／ No, you don't have to.

　↑助動詞の疑問文〈助動詞＋主語〉の形　　　　　↑ mustn't だと禁止の意味になる

・Do I have to finish the work ? ― Yes, you do. ／ No, you don't (have to).

　↑一般動詞と同様に do を使う　　　　↑答えの文も do を使う

▶ **Words & Phrases** ◀

□carry「運ぶ」　□leave「出発する」　□report「レポート」　□go out「外出する」
□tired「疲れた」

1
2
3
Step C
4
5
6
Step C
7
8
Step C
会話表現(1)
9
10
11
Step C
会話表現(2)
12
13
Step C
14
15
Step C
会話表現(3)
16
17
18
Step C
長文問題
19
20
Step C
実力テスト

Step A 〉 Step B 〉 Step C

●時　間 30分　●得　点
●合格点 70点　　　　点

解答▶別冊 11 ページ

1 次の文の意味を書きなさい。　　　　　　　　　　　　　　　（4点×4―16点）

(1) Who must take care of those flowers ?

（　　　　　　　　　　　　　　　　　　　　　　　　　　　　　　　）

(2) You will have to stay home next Sunday.

（　　　　　　　　　　　　　　　　　　　　　　　　　　　　　　　）

(3) My mother didn't have to make dinner last night.

（　　　　　　　　　　　　　　　　　　　　　　　　　　　　　　　）

(4) His story can't be true. He must be lying.

（　　　　　　　　　　　　　　　　　　　　　　　　　　　　　　　）

重要 **2** 次の各組の文がほぼ同じ内容になるように，＿＿に適語を入れなさい。　（4点×5―20点）

(1) { He can't speak Chinese.
He isn't ＿＿＿＿＿＿ ＿＿＿＿＿＿ speak Chinese.

(2) { She must go home early.
She ＿＿＿＿＿＿ ＿＿＿＿＿＿ go home early.

(3) { You don't have to buy a new computer.
You ＿＿＿＿＿＿ ＿＿＿＿＿＿ buy a new computer.

(4) { Don't play baseball in this park.
You ＿＿＿＿＿＿ ＿＿＿＿＿＿ play baseball in this park.

(5) { Be kind to other people.
You ＿＿＿＿＿＿ be kind to other people.

3 （　）内の語を使って，英文を作りなさい。　　　　　　　　（4点×5―20点）

(1) 私は皿を洗わなければなりません。（must）

_____

(2) 私たちは昨日，キャンプに行くことができませんでした。（could）

_____

(3) あなたは宿題を終えなければなりません。（have）

_____

(4) 彼女は車を運転することができません。（able）

_____

(5) あなたは早く寝たほうがいいです。（better）

_____

4 次の答えとして最も適するものを下から選び，記号で答えなさい。 （3点×4—12点）

(1) Must she do the work alone ? （　　）
(2) Does Maki have to read this book ? （　　）
(3) What does Judy have to do ? （　　）
(4) Was Ms. White able to eat *natto* ? （　　）

ア	No, she wasn't.	イ	Yes, she does.
ウ	Yes, she must.	エ	No, she won't.
オ	She has to help Ms. White.	カ	She couldn't read it.

5 意味が通る英文になるように，（　）内の語句を並べかえて，全文を書きなさい。

（4点×3—12点）

(1) (speak, you, not, this class, Japanese, must, in).

(2) (have, your, here, you, name, to, write).

(3) (able, was, answer, Kenta, the question, not, to).

6 次の文を読んで，あとの問いに主語と動詞のある英語で答えなさい。 （5点×4—20点）

　Hello, Tom. This is Ken. I'll tell you about tomorrow's outing. We are going to visit Lake Midori. We can ride a bike around the lake and enjoy fishing. We have to get to the lake at 8:30. So please leave home at seven o'clock. We will have a barbecue party there, so you don't have to bring your lunch. But you must bring your own drink. See you tomorrow morning.

(1) Can they enjoy fishing tomorrow ?

(2) What time will Tom leave home ?

(3) Must Tom bring his lunch ?

(4) What does Tom have to bring tomorrow ?

---▶ **Words & Phrases** ◀---
□take care of ～「～の世話をする」　　□lie「うそをつく」　　□go camping「キャンプに行く」
□alone「ひとりで」　　□outing「遠足」　　□fishing「釣り」　　□barbecue「バーベキュー」
□drink「飲み物」

1
2
3
Step
C
4
5
6
Step
C
7
8
Step
C
会話表現
(1)
9
10
11
Step
C
会話表現
(2)
12
13
Step
C
14
15
Step
C
会話表現
(3)
16
17
18
Step
C
長文
問題
19
20
Step
C
実力
テスト

6 should, may

解答▶別冊12ページ

1 次の日本文に合うように，＿＿に適語を入れなさい。

(1) 彼はこの本を読むべきです。

He ＿＿＿＿＿＿ ＿＿＿＿＿＿ this book.

(2) あなたは車を運転するべきではありません。

You ＿＿＿＿＿＿ ＿＿＿＿＿＿ drive a car.

(3) 彼らは今，とても忙しいかもしれません。

They ＿＿＿＿＿＿ ＿＿＿＿＿＿ very busy now.

(4) そのコンピューターを使ってもいいですよ。

You ＿＿＿＿＿＿ ＿＿＿＿＿＿ the computer.

2 次のようなとき，英語でどう言うか。合う英文を下から選び，記号で答えなさい。

(1) 相手にドアを開けてくれませんかと頼むとき。 (　　　)

(2) 窓を閉めてもいいですかとたずねるとき。 (　　　)

(3) 相手にコーヒーをすすめるとき。 (　　　)

(4) テニスをしませんかと相手を誘うとき。 (　　　)

(5) 昼食をつくりましょうかと相手に申し出るとき。 (　　　)

ア	May I close the window ?	イ	Shall I make lunch for you ?
ウ	Shall we play tennis ?	エ	Will you open the door ?
オ	Would you like some coffee ?	カ	Can I play tennis here ?

3 次の文の意味を書きなさい。

(1) May I sit on this chair ? — Sure.

(　　　　　　　　　　　　　　　　　　　　　　　　　　　)

(2) He should study English hard.

(　　　　　　　　　　　　　　　　　　　　　　　　　　　)

(3) Shall I carry your bag ? — No, thank you.

(　　　　　　　　　　　　　　　　　　　　　　　　　　　)

(4) Shall we go to the movies ? — Yes, let's.

(　　　　　　　　　　　　　　　　　　　　　　　　　　　)

4 次の文を指示に従って書きかえなさい。

(1) Will you make a cake for me ? （より丁寧な言い方に）

_____

(2) You should buy this electronic dictionary. （否定文に）

_____

5 次の文の答えとして最も適するものを下から選び，記号で答えなさい。

(1) May I eat this apple pie ? （　　　）

 ア　Yes, I will.   イ　No, thank you.   ウ　I'm sorry, but you can't.

(2) Shall we go to the aquarium ? （　　　）

 ア　You're welcome.   イ　Yes, you will.   ウ　No, let's not.

(3) Shall I wash the dishes ? （　　　）

 ア　Yes, please.   イ　Here you are.   ウ　No, you can't.

(4) Could you play the guitar for us ? （　　　）

 ア　Yes, please.   イ　No, thank you.   ウ　Certainly.

6 次の日本文に合うように，（　）内の語句を並べかえて，全文を書きなさい。ただし，不要なものが１つあります。

(1) 今夜は雨が降るかもしれません。　（ rain，may，it，tonight，must ）.

_____

(2) 私たちはお互い助け合うべきです。　（ each，should，help，may，we，other ）.

_____

(3) ミルクはいかがですか。　（ like，would，milk，you，some，will ）?

_____

1
2
3
Step
C
4
5
6
Step
C
7
8
Step
C
会話表現
(1)
9
10
11
Step
C
会話表現
(2)
12
13
Step
C
会話表現
(3)
16
17
18
Step
C
長文
問題
19
20
Step
C
実力
テスト

>==< ここで差をつける！ >==<

may を使った定型表現

・May I help you ? 「(店員が) ご用はございますか〔いらっしゃいませ〕」

・May I speak to 〜 ? 「(電話口で) 〜さんにかわってもらえますか」

・May I have〔ask〕your name ? 「(受付などで)名前を教えていただけますか」

>==< Words & Phrases >==<

□movie「映画」　　□electronic dictionary「電子辞書」　　□aquarium「水族館」　　□each other「お互い」

Step A　Step B　Step C

解答▶別冊 13 ページ

1 次の(1)〜(5)の文に続けるとき，いちばん意味の合う文を下から選び，（　）内にその記号を書きなさい。ただし，同じものは１度しか使えません。　　　　　　　　　　　　　（ 3 点×5—15 点）

(1) Yesterday, Tom said, "I have a cold."　　　　　　　　　　　（　　　）

(2) Mike has to get up early tomorrow.　　　　　　　　　　　（　　　）

(3) It is getting cloudy and cold.　　　　　　　　　　　　　　（　　　）

(4) Ben is going to be a scientist in the future.　　　　　　　（　　　）

(5) Ms. White is very busy.　　　　　　　　　　　　　　　　（　　　）

ア　It may snow soon.	イ　We should help her.
ウ　He may be sick in bed now.	エ　He shouldn't stay up late.
オ　He has to study hard.	カ　You may go home now.

2 次の各組の文がほぼ同じ内容を表すように，＿＿に適語を入れなさい。　　　　（ 4 点×2—8 点）

(1) { Please teach English to us.
　　{ ＿＿＿＿＿＿ ＿＿＿＿＿＿ teach English to us ?

(2) { Let's eat lunch at that restaurant.
　　{ ＿＿＿＿＿＿ ＿＿＿＿＿＿ eat lunch at that restaurant ?

3 次の文の意味を書きなさい。　　　　　　　　　　　　　　　　　　　　　（ 5 点×3—15 点）

(1) Where should I put this box ?
　　（　　　　　　　　　　　　　　　　　　　　　　　　　　　　　　　）

(2) We may be able to travel to the moon some day.
　　（　　　　　　　　　　　　　　　　　　　　　　　　　　　　　　　）

(3) You shouldn't eat ice cream too much.
　　（　　　　　　　　　　　　　　　　　　　　　　　　　　　　　　　）

4 次の文を英語で書きなさい。　　　　　　　　　　　　　　　　　　　　　（ 6 点×3—18 点）

(1) 彼はパーティーに来ないかもしれません。
　　＿＿＿＿＿＿＿＿＿＿＿＿＿＿＿＿＿＿＿＿＿＿＿＿＿＿＿＿＿＿＿＿

(2) この辞書を使ってもいいですよ。
　　＿＿＿＿＿＿＿＿＿＿＿＿＿＿＿＿＿＿＿＿＿＿＿＿＿＿＿＿＿＿＿＿

(3) 私たちはお年寄りの人たちに親切にすべきです。
　　＿＿＿＿＿＿＿＿＿＿＿＿＿＿＿＿＿＿＿＿＿＿＿＿＿＿＿＿＿＿＿＿

5 次の対話文が成り立つように，（　）内の語句を並べかえて，全文を書きなさい。ただし，不要なものが１つあります。 （5点×4—20点）

(1) *A :* (eat, I, this cake, you, may)?
    B : I'm sorry, but you can't.

_____

(2) *A :* (I, lunch, we, cook, shall) for you?
    B : Yes, please.

_____

(3) *A :* (like, could, some tea, would, you)?
    B : No, thank you.

_____

(4) *A :* (me, could, to, take, you, should) the post office?
    B : Sure. Let's go together.

_____

6 次のユカが書いた英文を読んで，あとの問いに答えなさい。 （(1)(3) 4点×3，(2)(4) 6点×2—24点）

　I'm going to go to Canada next week and study there for three months. I have to talk with my host family in English. I (　①　) speak it well. But Mr. Brown gave some good advice to me. He said, "②Your English may not be perfect, but you don't have to speak perfect English. You (　③　) tell them honestly. Then, they will speak slowly and listen to you carefully. ④Don't be shy. Enjoy, Yuka." I'm not worried now.

注　host family　ホームステイ先の家族　　advice　アドバイス　　perfect　完ぺきな　　honestly　正直に
　　slowly　ゆっくりと　　shy　はずかしがる　　be worried　心配する

(1) (　①　)(　③　)に適する語を下から選びなさい。　　　　　　①(　　　) ③(　　　)
    ア　can't　イ　may　ウ　won't　エ　should
(2) 下線部②を日本語に直しなさい。
    (　　　　　　　　　　　　　　　　　　　　　　　　　　　　　　　　　　　　　　　)
(3) 下線部④とほぼ同じ意味の英語になるように，＿＿＿に適する語を入れなさい。
    You _____ _____ be shy.
(4) 次の問いに４語以上の英語で答えなさい。
    How long will Yuka stay in Canada?

_____

1
2
3
Step
C
4
5
6
Step
C
7
8
Step
C
会話表現
(1)
9
10
11
Step
C
会話表現
(2)
12
13
Step
C
14
15
Step
C
会話表現
(3)
16
17
18
Step
C
長文
問題
19
20
Step
C
実力
テスト

▶▶▶▶▶▶▶▶▶▶▶▶▶▶▶▶▶▶◀ **Words & Phrases** ◀◀◀◀◀◀◀◀◀◀◀◀◀◀◀◀◀

□scientist「科学者」　　□stay up late「夜更かしする」　　□restaurant「レストラン」
□some day「いつか」　　□post office「郵便局」

Step **A** 〉 Step **B** 〉 Step **C**

●時　間 40分	●得　点
●合格点 70点	点

解答▶別冊 14 ページ

1 次の（　）内から適語を選び，記号で答えなさい。　　　　　　（4点×3―12点）

(1) 今晩私たちと夕食を食べませんか。

（ ア　Will　イ　Must　ウ　May ）you have dinner with us this evening ?

(2) 店へお連れしましょうか。

（ ア　Will　イ　Shall　ウ　Must ）I take you to the store ?

(3) 電話をお借りしていいですか。

（ ア　May　イ　Should　ウ　Will ）I use your phone ?

(1)	
(2)	
(3)	

重要 **2** 次の各組の文がほぼ同じ内容になるように，＿＿に適語を入れなさい。

(1) ┌ Let's have some tea at that cafe.
　　└ ＿＿＿＿＿＿ ＿＿＿＿＿＿ have some tea at that cafe ?　　　　〔慶應義塾高〕

(2) ┌ Mr. Davis must call her this evening.
　　└ Mr. Davis ＿＿＿＿＿＿ ＿＿＿＿＿＿ call her this evening.　　　〔駒込高〕

(3) ┌ Don't run in the room.
　　└ You ＿＿＿＿＿＿ ＿＿＿＿＿＿ run in the room.

(4) ┌ What are your plans for next Sunday ?
　　└ What ＿＿＿＿＿＿ you ＿＿＿＿＿＿ next Sunday ?

（5点×4―20点）

(1)		(2)	
(3)		(4)	

3 次の文を指示に従って書きかえなさい。

(1) Ken helps his parents.　（「〜すべき」という意味の文に）

(2) He's going to skate.　（下線部をたずねる疑問文に）

難 (3) You can speak English very well.　（may を加えて）

(4) I must take care of my brother.　（last Sunday を加えて）

（4点×4―16点）

(1)	
(2)	
(3)	
(4)	

4 次の対話文が成り立つように，（ ）内の語句や符号を並べかえて，全文を書きなさい。

(1) *A :* Must I do the work ?

    B :（you, have, no, to, don't /，）. I'll do it.

(2) *A :* Welcome to our English school.（to, are, long, going, study, you, how）here ?

    B : For a month. I'm here on my summer vacation.　〔山形〕

（5点×2—10点）

(1)	
(2)	

5 （ ）内に下のア〜クの中から適当な文を選び，対話文を完成しなさい。　〔就実高一改〕

    Keiko and Tomoko were good friends. But Keiko had to move to Tokyo. Her father got a new job there. Keiko and Tomoko were talking about it.

Keiko　:（　①　）My family will move there.

Tomoko: Please don't move away. We are the best friends.

Keiko　:（　②　）All of my family will have to go there.

Tomoko: I'm sorry. Please email me. I'll do so, too.

Keiko　: We'll live far away but our hearts will not change. Well, please visit us some day.

Tomoko:（　③　）I'll go there some day.

Keiko　:（　④　）

Tomoko:（　⑤　）

Keiko　: Next Sunday.

Tomoko: I'll see you off.

    注　email　メールを送る

ア　But I must go.　　　　　　　　イ　I'm looking forward to your visit.

ウ　When will you leave this town ?　エ　I will not go to Tokyo.

オ　I'm going to Tokyo next week.　カ　Sure.

キ　I will visit you on Sunday.　　　ク　When will you visit us ?

（6点×5—30点）

①	②	③
④	⑤	

6 次の文を英語で書きなさい。

(1) コーヒーを1杯いかがですか。

(2) あなたは明日，学校まで歩かなければならないでしょう。

（6点×2—12点）

(1)	
(2)	

7 There is .... / There are ....

解答▶別冊 14 ページ

1 次の（　）内から適語を選び，○で囲みなさい。

(1) There (are, is, has) two pictures on the wall.

(2) (Are, Is, Does) there any water in the glass ?

(3) There (are, was, were) no children in the park yesterday.

(4) There (are, aren't, don't) any cats under the chair.

(5) (Is, Was, Did) there an earthquake last night ?

2 次の文を指示に従って書きかえなさい。

(1) There is a student in the library.　（a を some にかえて）

_____

(2) There is some money in the box.　（疑問文に）

_____

(3) There were some clouds in the sky.　（否定文に）

_____

(4) There is a big tree in the park.　（three years ago を加えて）

_____

(5) There aren't any pets in my house.　（no を使って，ほぼ同じ内容を表す文に）

_____

(6) There are four people in his family.　（下線部をたずねる疑問文に）

_____

3 次の文の意味を書きなさい。

(1) There is a library near here.
（　　　　　　　　　　　　　　　　　　）

(2) Are there any koalas in the zoo ? — Yes, there are.
（　　　　　　　　　　　　　　　　　　）

(3) There wasn't enough time.
（　　　　　　　　　　　　　　　　　　）

(4) How many countries are there in Asia ?
（　　　　　　　　　　　　　　　　　　）

4 次の日本文に合うように，＿＿に適語を入れなさい。

(1) テーブルの上にカップが1つあります。

＿＿＿＿＿＿＿ ＿＿＿＿＿＿＿ a cup on the table.

(2) 木には数羽の鳥がいました。

＿＿＿＿＿＿＿ ＿＿＿＿＿＿＿ some birds in the tree.

(3) この部屋には窓がありません。

There ＿＿＿＿＿＿＿ any windows in this room.

(4) このあたりに郵便局はありますか。— いいえ，ありません。

＿＿＿＿＿＿＿ ＿＿＿＿＿＿＿ a post office around here ?

— No, ＿＿＿＿＿＿＿ ＿＿＿＿＿＿＿.

(5) ここには食べ物はありませんでした。

There ＿＿＿＿＿＿＿ ＿＿＿＿＿＿＿ food here.

(6) 箱の中に何がありますか。— サッカーボールがあります。

＿＿＿＿＿＿＿ in the box ?

— ＿＿＿＿＿＿＿ a soccer ball in it.

5 （　）内の語句を使って，英文を作りなさい。

(1) 日本には四季があります。（there）

_____

(2) ここには水がありません。（no）

_____

(3) この町には図書館が2つありますか。（in this town）

_____

(4) あなたの犬はドアのそばにいましたよ。（by）

_____

========= ここで差をつける！ =========

特定できる人や物には there の文を使わない→〈特定の人〔物〕＋be 動詞＋場所〉の形

・There is a student in the park. — Mike is in the park. （人名）

・There was a cat on the sofa. — My cat was on the sofa. （所有格）

・There are some bags by the door. — The bags are by the door. （the / this など）

▶▶▶▶▶▶▶▶▶▶▶▶▶▶▶▶▶ **Words & Phrases** ◀◀◀◀◀◀◀◀◀◀◀◀◀◀◀◀◀

□wall「壁(かべ)」　□glass「（ガラス製の）コップ」　□earthquake「地震(しん)」　□cloud「雲」

□koala「コアラ」　□Asia「アジア」　□post office「郵便局」

33

Step A ▶ Step B ▶ Step C

1 次の文の意味を書きなさい。 (3点×5―15点)

(1) There are about five thousand books in this library.
　　（　　　　　　　　　　　　　　　　　　　　　　　　　　　　　　）

(2) There was little snow last winter.
　　（　　　　　　　　　　　　　　　　　　　　　　　　　　　　　　）

(3) There will be no animals in that forest.
　　（　　　　　　　　　　　　　　　　　　　　　　　　　　　　　　）

(4) Is there anything else ? ― That's all for now.
　　（　　　　　　　　　　　　　　　　　　　　　　　　　　　　　　）

(5) How many children were there in this room ?
　　（　　　　　　　　　　　　　　　　　　　　　　　　　　　　　　）

2 （　）内の語句を使って，次の問いに英語で答えなさい。 (3点×5―15点)

(1) Are there any banks near the station ? （Yes）
　　_____

(2) Was there any water in the vase ? （No）
　　_____

(3) What was in this box ? （some oranges）
　　_____

(4) How many members are there in the team ? （twenty）
　　_____

(5) How many fish were there in the pond ? （no）
　　_____

重要 **3** 次の各組の文がほぼ同じ内容になるように，____に適語を入れなさい。 (4点×4―16点)

(1) ⎰ This house has five rooms.
　　⎱ _____ _____ five rooms in this house.

(2) ⎰ How many libraries does this city have ?
　　⎱ How many libraries _____ _____ in this city ?

(3) ⎰ It rained a lot last month.
　　⎱ There _____ _____ rain last month.

(4) ⎰ There is no money in my pocket.
　　⎱ There is _____ _____ money in my pocket.

4 次の対話文が成り立つように，（ ）内の語句を並べかえて，全文を書きなさい。ただし，不要なものが1つあります。 （6点×2—12点）

(1) *A :* What's in your bag ?

B : (in, DVDs, is, there, some, are, it).

_____

(2) *A :* (there, any, your family, was, were, pets, in) ?

B : Yes. There was a dog two years ago.

_____

5 次の文を読んで，あとの問いに主語と動詞のある英語で答えなさい。 （6点×4—24点）

　Mr. Sato went to a small town in Africa with his friends last year. One day they visited a junior high school there. It was the only junior high school in that town. There were three hundred students in the school, but there were only two classrooms. So half of the students studied in the morning and the others studied in the afternoon. There were not enough textbooks for them, so about five students had to use one textbook at the same time.

(1) How many junior high schools were there in that town ?

_____

(2) How many students were there in the school ?

_____

(3) How many classrooms did the school have ?

_____

(4) Were there enough textbooks for students ?

_____

6 次の文を英語で書きなさい。 （6点×3—18点）

(1) 机の上に本が2冊あります。

_____

(2) 図書館の前に少年が1人いました。

_____

(難) (3) 新聞に何かおもしろいことはありますか。

_____

>>>>>>>>>> **Words & Phrases** <<<<<<<<<<

□little「ほとんどない」　□forest「森」　□else「ほかに」　□bank「銀行」　□vase「花びん」
□pond「池」　□pocket「ポケット」　□Africa「アフリカ」　□enough「十分な」
□at the same time「同時に」

8 前 置 詞

Step A ▶ Step B ▶ Step C

解答▶別冊 16 ページ

1 次の文の＿＿に，at, in, on のいずれかを入れなさい。

(1) We don't have to work ＿＿＿＿＿＿ Sunday.

(2) He got up ＿＿＿＿＿＿ six ＿＿＿＿＿＿ the morning.

(3) My father was born ＿＿＿＿＿＿ April 20, ＿＿＿＿＿＿ 1980.

(4) We have a lot of snow ＿＿＿＿＿＿ winter.

(5) He takes a walk ＿＿＿＿＿＿ Saturday afternoon.

2 次の日本文に合うように，＿＿に適語を入れなさい。

(1) 私はいつも自転車で学校に行きます。

I always go ＿＿＿＿＿＿ school ＿＿＿＿＿＿ bike.

(2) 英語で話しましょう。

Let's talk ＿＿＿＿＿＿ English.

(3) 最初，私は自分の耳が信じられませんでした。

＿＿＿＿＿＿ first, I could not believe my ears.

(4) 彼(かれ)は 2 時間あなたを待ちました。

He waited ＿＿＿＿＿＿ you ＿＿＿＿＿＿ two hours.

(5) 壁(かべ)のあの絵を見てごらん。

Look ＿＿＿＿＿＿ that picture ＿＿＿＿＿＿ the wall.

(6) 私は夕食のあとに音楽を聞きます。

I listen ＿＿＿＿＿＿ music ＿＿＿＿＿＿ dinner.

(7) 彼は手に懐中(かい)電灯を持って立っていました。

He was standing ＿＿＿＿＿＿ a flashlight ＿＿＿＿＿＿ his hand.

3 次の各組の文がほぼ同じ内容を表すように，＿＿に適語を入れなさい。

(1) { Ben plays tennis very well.
{ Ben is very good ＿＿＿＿＿＿ tennis.

(2) { Mr. Smith is my English teacher.
{ Mr. Smith teaches English ＿＿＿＿＿＿ me.

(3) { What time did you get to the station ?
{ What time did you arrive ＿＿＿＿＿＿ the station ?

(4) { My mother is on the volleyball team.
{ My mother belongs ＿＿＿＿＿＿ the volleyball team.

4 次の文の意味を書きなさい。

(1) The bank is open until three in the afternoon.

(　　　　　　　　　　　　　　　　　　　　　　　　　　　)

(2) Koalas sleep during the day.

(　　　　　　　　　　　　　　　　　　　　　　　　　　　)

(3) The basket is full of beautiful flowers.

(　　　　　　　　　　　　　　　　　　　　　　　　　　　)

(4) He was sitting beside her.

(　　　　　　　　　　　　　　　　　　　　　　　　　　　)

(5) I'm looking for a book about stars.

(　　　　　　　　　　　　　　　　　　　　　　　　　　　)

5 次の日本文に合うように，（ ）内の語句を並べかえて，全文を書きなさい。

(1) トムはおじさんといっしょに日本に住んでいます。

(his, Japan, lives, Tom, with, in) uncle.

_____

(2) 長い髪のあの少女はだれですか。

(with, is, hair, that girl, who, long) ?

_____

(3) 郵便局の前に犬がいます。

(a dog, front, in, there, of, is) the post office.

_____

(4) なぜあなたは会議に遅れたのですか。

(were, for, why, late, the meeting, you) ?

_____

1 2 3 Step C 4 5 6 Step C 7 **8** Step C 会話表現(1) 9 10 11 Step C 会話表現(2) 12 13 Step C 14 15 Step C 会話表現(3) 16 17 18 Step C 長文問題 19 20 Step C 実力テスト

◤ここで差をつける！◢

違いを問われる前置詞

・Come here by 6. 「6時までに来なさい」（期限：「〜までに」）
　Wait here until 6. 「6時まで待ちなさい」（継続：「〜まで（ずっと）」）
・I stayed there for two days. 「2日間滞在した」〈期間の長さ〉
　I stayed there during the vacation. 「休暇の間滞在した」〈特定の期間〉

▶▶▶ **Words & Phrases** ◀◀◀

□be born「生まれる」 □wall「壁」 □flashlight「懐中電灯」 □arrive at 〜「〜に到着する」
□belong to 〜「〜に所属している」 □bank「銀行」 □be full of 〜「〜でいっぱいである」
□beside「〜のそばに」

Step A　Step B　Step C

●時　間　30分	●得　点
●合格点　70点	点

解答▶別冊 17 ページ

1 次の文の（　）に入る最も適当なものを選び，記号で答えなさい。　　　　　　　（3点×6─18点）

(1) The train runs (　　　) Tokyo and Nagoya.
　　ア　across　　イ　between　　ウ　from　　エ　through　　　　　　（　　　）

(2) There is a bridge (　　　) the river.
　　ア　along　　イ　over　　ウ　under　　エ　with　　　　　　（　　　）

(3) The sun rises (　　　) the east.
　　ア　at　　イ　from　　ウ　in　　エ　to　　　　　　（　　　）

(4) You must finish this work (　　　) tomorrow.
　　ア　by　　イ　for　　ウ　until　　エ　with　　　　　　（　　　）

(5) The little boy is afraid (　　　) dogs.
　　ア　at　　イ　from　　ウ　of　　エ　to　　　　　　（　　　）

(6) My father helped me (　　　) my homework.
　　ア　in　　イ　of　　ウ　to　　エ　with　　　　　　（　　　）

2 次の文の意味を書きなさい。　　　　　　　（5点×5─25点）

(1) He took a train ticket out of his pocket.
　　（　　　　　　　　　　　　　　　　　　　　　　　　　　　　　　　）

(2) This river runs through the town into the sea.
　　（　　　　　　　　　　　　　　　　　　　　　　　　　　　　　　　）

(3) He is for the plan, but I'm against it.
　　（　　　　　　　　　　　　　　　　　　　　　　　　　　　　　　　）

(4) A dog was walking across the street.
　　（　　　　　　　　　　　　　　　　　　　　　　　　　　　　　　　）

(5) We can't live without air and water.
　　（　　　　　　　　　　　　　　　　　　　　　　　　　　　　　　　）

3 次の文の空所に入る日本語訳の「で」に相当する前置詞を答えなさい。　　　　　　　（2点×6─12点）

(1) I cut the apple ＿＿＿＿＿＿ a knife.　［ナイフで切った］

(2) We make cheese ＿＿＿＿＿＿ milk.　［ミルクで作る］

(3) I go to school ＿＿＿＿＿＿ bike.　［自転車で登校する］

(4) The church is famous ＿＿＿＿＿＿ its beauty.　［美しさで有名だ］

(5) I will be back ＿＿＿＿＿＿ an hour.　［一時間で戻るよ］

(6) I watched the game ＿＿＿＿＿＿ television.　［テレビで試合を見た］

4 次の対話が成り立つように，（　）内の語句を並べかえて，全文を書きなさい。（5点×3—15点）

(1) *A :* Could you tell me the way to the station ?
　 B : Sure. Walk (and, at, along, turn, the street, left) the first corner.

_____

(2) *A :* How did you get the racket ?
　 B : My grandfather (it, my, me, bought, for, for) birthday.

_____

(3) *A :* How about your host family ? Are they friendly ?
　 B : Yes, they are. All (are, to, them, kind, of, very) me.

_____

5 次の各組の空所に入る共通の1語を書きなさい。　　（3点×5—15点）〔愛光高—改〕

(1) 　He goes to school _____ foot every day.
　　 I met her _____ my way to school.　　　　_____

(2) 　Please pass the salt over _____ me.
　　 I sat next _____ an American woman on the plane.　　_____

(3) 　She reminds me _____ her mother.
　　 We never heard _____ such a thing.　　_____

(4) 　He lives _____ the north of the city.
　　 I am always _____ good health.　　_____

(5) 　Wash the dishes _____ this sponge.
　　 They started to communicate _____ each other.　　_____

6 次の文を英語で書きなさい。　　（5点×3—15点）

(1) あなたの考えは私のものと違います。

_____

(2) 彼女は鳥のように歌います。

_____

(3) 私はおとといの学校を欠席しました。

_____

- - - - - - - - - - - - - - - - ▶ **Words & Phrases** ◀ - - - - - - - - - - - - - - - -
□bridge「橋」　　□ticket「切符」　　□pocket「ポケット」　　□host family「ホームステイ先の家族」
□friendly「友好的な」　　□north「北」　　□health「健康」　　□sponge「スポンジ」　　□each other「お互い」

1
2
3
Step C
4
5
6
Step C
7
8
Step C
会話表現 (1)
9
10
11
Step C
会話表現 (2)
12
13
Step C
14
15
Step C
会話表現 (3)
16
17
18
Step C
長文問題
19
20
Step C
実力テスト

Step A 〉 Step B 〉 Step C

●時 間 40分	●得 点
●合格点 70点	点

解答▶別冊 17 ページ

1 次の英文の下線部には間違いがあります。正しく書き直しなさい。　　　　（3点×6—18点）

(1) He left Tokyo <u>to</u> Osaka last Sunday.

(2) I talked with him <u>with</u> English.

(3) We will have a party <u>in</u> the evening of July 4.

(4) There is <u>the</u> bag under the chair.

(5) There <u>were</u> a lot of snow last winter. 〔洛南高一改〕

(6) Was there a bookstore near the station ? — No, <u>it</u> wasn't.

(1)	
(2)	
(3)	
(4)	
(5)	
(6)	

2 次の各組の文がほぼ同じ内容を表すように，＿＿に適語を入れなさい。　　　　（4点×4—16点）

(1) { We are going home now.
　　 We are ＿＿＿＿＿＿＿ our ＿＿＿＿＿＿＿ home now.

(2) { Please look after my dog while I visit Australia.
　　 Please take care ＿＿＿＿＿＿＿ my dog ＿＿＿＿＿＿＿ my visit to Australia.　　　　注　while 〜　〜する間　〔実践学園〕

(3) { This box is empty.
　　 ＿＿＿＿＿＿＿ ＿＿＿＿＿＿＿ nothing in this box.

(4) { How many days does a year have ?
　　 How many days ＿＿＿＿＿＿＿ ＿＿＿＿＿＿＿ in a year ?

(1)	
(2)	
(3)	
(4)	

3 次の文の意味を書きなさい。

(1) How many pictures were there on the wall ?

(2) There are hundreds of trees around here.

(3) There are many beautiful cities in Japan — here Kyoto, for example.

(4) By the way, where is Mike from ?

（5点×4—20点）

(1)	
(2)	
(3)	
(4)	

4 次の対話が成り立つように，（ ）内の語句を並べかえて，全文を書きなさい。

(1) *A*：I'm looking for my bag, Mom.

  B：(by，saw，the window，I，it).

(2) *A*：This car is better than that one．What do you think, Laura？

  B：Well, (there，no，between，difference，is) the two.

注 better than ～ ～よりよい 〔千葉一改〕

（5点×2—10点）

(1)	
(2)	

5 次の明夫が書いた英文を読んで，あとの問いに答えなさい。 〔長崎一改〕

Today I'm going to talk about Brazil.

I'm （ ① ） in this country because I'm in the soccer club at school．The Brazil national soccer team is very strong and won the World Cup many （ ② ）．About 200,000,000 people live in Brazil．It is the biggest country in South America．③Coffee from Brazil is popular among people in the world．Some young Japanese people go to Brazil and play soccer there. I also want to play it there someday.

注 because ～ なぜなら～だから　biggest 最も大きい　want to ～ ～したい

(1) （ ① ）（ ② ）に適する語を入れなさい。

(2) 下線部③を日本語に直しなさい。

(3) 次の質問に英語で答えなさい。

　① How many people are there in Brazil？

　② Are there any Japanese soccer players in Brazil？

((1)3点×2，(2)(3)6点×3—24点)

(1)	①	②
(2)		
(3)	①	
	②	

6 次の文を英語で書きなさい。

(1) 何人の生徒が放課後教室にいましたか。 〔ラ・サール高〕

(2) 私はこの仕事を次の土曜日までに仕上げないといけません。

（6点×2—12点）

(1)	
(2)	

会話表現 (1)

●時間 30分　●得点

●合格点 70点　　　　点

解答▶別冊 18 ページ

1 次の(1)〜(3)は，〔　〕内に示されている場面での 2 人の対話です。それぞれの対話が自然な流れになるように，（　）に当てはまる最も適切な英文を，それぞれ □ の中から選び，記号を書きなさい。　　　　　　　　　　　　　　　　　　　　　　　　　　（6 点×3—18 点）〔長野—改〕

(1) 〔給食で〕

Kazuo: You aren't eating anything.

Yuko ： No, I'm not.

Kazuo:（　　　　）

Yuko ： I have a stomachache.

ア	What do you make ?
イ	What's the matter ?
ウ	How about you ?
エ	How many do you have ?

(2) 〔デパートで〕

Masao: Excuse me, I'm looking for a white shirt for my father.

店員 ：（　　　　）

Masao: Large, please.

店員 ： How about this one ?

ア	How much is it ?
イ	What is it ?
ウ	What color ?
エ	What size ?

(3) 〔文化祭の準備で〕

Yumi: You are so busy.

Taro : Yes. I have to do much work.

Yumi:（　　　　）

Taro : Thank you. Please carry these books to the library.

ア	Shall I help you ?
イ	May I go home ?
ウ	Will you help me ?
エ	Can you do my work ?

2 A 群の文(a)〜(e)に対して最も適切な応答文を B 群の中から選び，番号で答えなさい。ただし，B 群の解答は，それぞれ 1 回限りしか使えないものとします。　　　　　　　　　　　　　（6 点×5—30 点）〔駒込高—改〕

〔A 群〕

(a) May I speak to Mr. Yamada ?　　　　（　　　）

(b) Excuse me, but do you have the time ?　（　　　）

(c) I'm so happy. I received an 'A' on my English test yesterday.　　　　　　　　　　（　　　）

(d) Wasn't your mother at home yesterday ?

　　　　　　　　　　　　　　　　　　（　　　）

(e) What do you do, Mr. Sato ?　　　　（　　　）

〔B 群〕

① Well done !

② I work for a bank, sir.

③ No, she was at home.

④ Yes, but it was seven thirty.

⑤ Speaking. Who is this ?

⑥ No, she was out.

⑦ Oh, I'm sitting for a test.

⑧ No, I'm sorry. I don't have a watch right now.

3 次の会話はどこで行われていますか。ア～エから選び，記号で答えなさい。

（6点×4—24点）〔東京松蔭高—改〕

(1) *A :* I'm terribly sorry. I didn't see the red light.

　　 B : Hm ... Well, don't do it again. 　　　　　　　　　　　　　（　　　）

(2) *A :* I'm sorry. I'm late, but the train was delayed for five minutes by the snow.

　　 B : That's all right. Sit down. 　　　　　　　　　　　　　　（　　　）

(3) *A :* May I help you ?

　　 B : Yes, I need some cotton shirts. How much is this shirt ?

　　 A : It's twenty dollars. 　　　　　　　　　　　　　　　　　（　　　）

(4) *A :* What's the matter ? You are pale.

　　 B : I have a fever. I feel terribly cold.

　　 A : That's too bad. Well, I'll have a look at you. 　　　　　（　　　）

ア	at the hospital	イ	at the shop
ウ	on the road	エ	in the classroom

注　I feel terribly cold.　とても寒いです。

4 次の日本文に合うように，(1)～(4)の空所にア～キから適するものをそれぞれ選び，記号で答えなさい。

（7点×4—28点）〔桜美林高—改〕

矢野　　：矢野と申しますが，花子さんはいらっしゃいますか。

母　　　：ちょっとお待ちください。今外出しているようですが…。

　　　　　もう一度お電話いただけますか。それとも何かお伝えしましょうか…。

矢野　　：それでは後ほどかけ直します。

Mr. Yano: This is Mr. Yano (1)(　　　　). Can I speak to Hanako, please ?

Mother　: Please wait a moment. She isn't in now.

　　　　　(2)(　　　　) you call back later or (3)(　　　　) a message ?

Mr. Yano: I'll call back again, (4)(　　　　).

ア	thanks	イ	this
ウ	though	エ	leave
オ	I'll	カ	speaking
キ	will		

- - - - - - - - - - - - - - - - - - - ▶ **Words & Phrases** ◀ - - - - - - - - - - - - - - - - - - -

□stomachache「腹痛」　　□shirt「シャツ」　　□carry「運ぶ」　　□Well done !「よくやった」
□bank「銀行」　　□be delayed「遅れる」　　□cotton「綿」　　□pale「顔色が悪い」　　□fever「熱」
□have a look at ～「～を見る」

9 不 定 詞

Step A 〉 Step B 〉 Step C

解答▶別冊 19 ページ

1 次の文の適切なところに to を入れて書きなさい。

(1) He doesn't like swim.　_____

(2) My dream is go to France.　_____

(3) Get up early is good.　_____

(4) I stayed home help my parents.　_____

(5) He will be happy see you.　_____

(6) You have a lot of work do today.　_____

2 次の(1)～(4)の文に続けるときいちばん意味の合う文を下から選び，（　）内にその記号を書きなさい。

(1) Susie is writing a letter to her grandfather.　（　　）

(2) My brother is very thirsty.　（　　）

(3) Jim has nothing to do today.　（　　）

(4) Mr. Smith is interested in Japanese art.　（　　）

> ア　He likes to eat Japanese food.　イ　He came to Japan to study it.
> ウ　He will be glad to receive it.　エ　He can go to the movies with us.
> オ　He wants something to drink.

3 次の文の意味を書きなさい。

(1) We need to help him.
（　　　　　　　　　　　　　　　　　　　　　　　　　　　　）

(2) To speak English is not easy for me.
（　　　　　　　　　　　　　　　　　　　　　　　　　　　　）

(3) I have no time to watch TV.
（　　　　　　　　　　　　　　　　　　　　　　　　　　　　）

(4) I worked hard to save money.
（　　　　　　　　　　　　　　　　　　　　　　　　　　　　）

(5) He was glad to find his dog.
（　　　　　　　　　　　　　　　　　　　　　　　　　　　　）

4 次の日本文に合うように，＿＿に適語を入れなさい。

(1) 私はしなければならない英語の宿題がたくさんあります。

I have a lot of English homework ＿＿＿＿＿＿ ＿＿＿＿＿＿.

(2) 彼<ruby>彼<rt>かれ</rt></ruby>は写真を撮<ruby>撮<rt>と</rt></ruby>るために立ち止まりました。

He stopped ＿＿＿＿＿＿ ＿＿＿＿＿＿ pictures.

(3) ギターをひくことはとても楽しいです。

＿＿＿＿＿＿ ＿＿＿＿＿＿ the guitar is a lot of fun.

(4) またお会いしたいです。

I ＿＿＿＿＿＿ ＿＿＿＿＿＿ see you again.

(5) 彼女<ruby>彼女<rt>かの</rt></ruby>の夢は大きな家を持つことです。

Her dream is ＿＿＿＿＿＿ ＿＿＿＿＿＿ a big house.

(6) 私はこれらの写真を見て驚<ruby>驚<rt>おどろ</rt></ruby>きました。

I was surprised ＿＿＿＿＿＿ ＿＿＿＿＿＿ at these pictures.

5 次の日本文に合うように，（ ）内の語句を並べかえて，全文を書きなさい。

(1) 彼女はその本を読み始めました。

(the book，began，read，she，to).

＿＿＿＿＿＿＿＿＿＿＿＿＿＿＿＿＿＿＿＿＿＿＿＿＿＿＿＿

(2) 私は何か食べるものを買うつもりです。

(to，buy，will，something，eat，I).

＿＿＿＿＿＿＿＿＿＿＿＿＿＿＿＿＿＿＿＿＿＿＿＿＿＿＿＿

(3) 私たちは新しい単語を学ぶために辞書を使います。

(new，a dictionary，learn，we，to，words，use).

＿＿＿＿＿＿＿＿＿＿＿＿＿＿＿＿＿＿＿＿＿＿＿＿＿＿＿＿

━━━━━━━ **ここで差をつける！** ━━━━━━━

形容詞的用法を使うときは，前置詞が必要かどうか確認する

・a book <u>to read</u> 「読むべき本」 ← read a book 「本を読む」（前置詞不要）

・a house <u>to live in</u> 「住むための家」 ← live in a house 「家に住む」

↑前置詞の in が必要

▶▶▶▶▶▶ **Words & Phrases** ◀◀◀◀◀◀

□dream「夢」　□France「フランス」　□save「蓄<ruby>蓄<rt>たくわ</rt></ruby>える」　□be surprised「驚いた」

□dictionary「辞書」　□word「単語」

Step A 〉 Step B 〉 Step C 〉

重要 1 下線部と同じ用法の不定詞を含む文をア〜クから 2 つずつ選び, 記号で答えなさい。

（3 点×4—12 点）

(1) I like <u>to play</u> the piano. 　　　　　　　　　　　(　　) (　　)

(2) She has something <u>to tell</u> you. 　　　　　　　　(　　) (　　)

(3) I went to the park <u>to play</u> tennis. 　　　　　　　(　　) (　　)

(4) I'm glad <u>to see</u> you. 　　　　　　　　　　　　　(　　) (　　)

ア　John came to see me.	イ　I wanted to swim in the pool.
ウ　I get up early to take a walk.	エ　There are many ways to do that.
オ　We're sorry to hear the news.	カ　I had no time to eat breakfast.
キ　I was excited to watch the game.	ク　She started to learn Chinese.

2 次の文の（　）に入る最も適当なものを選び, 記号で答えなさい。　　　　（3 点×4—12 点）

(1) What's your dream ? — It's (　　) to the moon.

　　ア　travel　　イ　travels　　ウ　for traveling　　エ　to travel

(2) Why did you go to the airport ? — (　　) see my friend off.

　　ア　Because　　イ　For　　ウ　To　　エ　with

(3) I want (　　) drink.

　　ア　something to cold　　イ　cold something to　　ウ　something cold to

(4) Do you want a chair (　　) ?

　　ア　sitting　　イ　to sit for　　ウ　to sit on　　エ　to sit

3 次の文の意味を書きなさい。　　　　　　　　　　　　　　　　　　　（4 点×5—20 点）

(1) Yumi is planning to visit Hokkaido with her friends.

　　(　　　　　　　　　　　　　　　　　　　　　　　　　　　　　　　　　　　　)

(2) They went to Canada to spend their holidays.

　　(　　　　　　　　　　　　　　　　　　　　　　　　　　　　　　　　　　　　)

(3) There is some paper to write on.

　　(　　　　　　　　　　　　　　　　　　　　　　　　　　　　　　　　　　　　)

(4) I'd like to visit your house.

　　(　　　　　　　　　　　　　　　　　　　　　　　　　　　　　　　　　　　　)

(5) Ken was surprised to read the newspaper.

　　(　　　　　　　　　　　　　　　　　　　　　　　　　　　　　　　　　　　　)

4 次の日本文に合うように，＿＿に適語を入れなさい。　（4点×5—20点）

(1) 宿題をするのを忘れないように。
Don't ＿＿＿＿＿ ＿＿＿＿＿ ＿＿＿＿＿ your homework.

(2) 彼は彼女に話しかけるために立ち止まった。
He ＿＿＿＿＿ ＿＿＿＿＿ ＿＿＿＿＿ to her.

(3) 毎日英語を勉強することが大切です。
＿＿＿＿＿ ＿＿＿＿＿ English every day ＿＿＿＿＿ important.

(4) なぜ彼はフランスに行ったのですか。— 芸術を学ぶためです。
＿＿＿＿＿ did he go to France? — ＿＿＿＿＿ ＿＿＿＿＿ art.

(5) 彼は旧友をなくして悲しんでいます。
He is ＿＿＿＿＿ ＿＿＿＿＿ ＿＿＿＿＿ his old friend.

5 次の日本文に合うように，（　）内の語句を並べかえて，全文を書きなさい。ただし，不要なものが1つあります。　（6点×3—18点）

(1) 彼女の趣味は人形を集めることです。
(dolls, is, hobby, for, collect, her, to).

＿＿＿＿＿＿＿＿＿＿＿＿＿＿＿＿＿＿＿＿

(2) 飲むための水がありません。
(drink, is, no, there, any, to, water).

＿＿＿＿＿＿＿＿＿＿＿＿＿＿＿＿＿＿＿＿

(3) 彼は医者になるために一生懸命に勉強しています。
(be, he, hard, is, a doctor, studies, to).

＿＿＿＿＿＿＿＿＿＿＿＿＿＿＿＿＿＿＿＿

6 次の文を英語で書きなさい。　（6点×3—18点）

(1) 彼は早く起きるために10時に寝ました。

＿＿＿＿＿＿＿＿＿＿＿＿＿＿＿＿＿＿＿＿

(2) 私には外出する時間がありません。

＿＿＿＿＿＿＿＿＿＿＿＿＿＿＿＿＿＿＿＿

(3) 彼女は教師になろうと決めました。

＿＿＿＿＿＿＿＿＿＿＿＿＿＿＿＿＿＿＿＿

◆ **Words & Phrases** ◆
□way「方法」　□excited「興奮した」　□spend「(時を)過ごす」　□holiday「休暇」　□hobby「趣味」
□collect「集める」

Step A ＞ Step B ＞ Step C

●時　間 30分	●得　点
●合格点 70点	点

解答▶別冊 20 ページ

重要 1 次の日本文に合うように，（　）内の語句を並べかえて，全文を書きなさい。　（5点×5―25点）

(1) 私には話をする友だちがいなかった。
（ no，I，with，friends，talk，had，to ）．

_____

(2) 彼^{かれ}らには住む家がなかった。
（ live，they，no，had，in，to，house ）．

_____

(3) あなたは将来何になりたいですか。
（ do，in，want，be，what，the future，you，to ）？

_____

(4) 私は熱い食べ物がほしい。
（ hot，something，want，I，eat，to ）．

_____

(5) 私は母を手伝うために早く帰宅しました。
（ came home，I，my mother，help，to，early ）．

_____

2 次の各組の文がほぼ同じ内容になるように，____に適語を入れなさい。　（5点×4―20点）

(1) I am free this afternoon.
I have _____ _____ do this afternoon. 〔土佐塾高〕

(2) He was happy when he heard the news.
He was happy _____ _____ the news. 〔大阪青凌高〕

(3) There was no food in the room.
There wasn't anything _____ _____ in the room. 〔高知学芸高〕

難 (4) Take your dog out for a walk twice a day. Don't forget it.
_____ to take your dog out for a walk twice a day. 〔同志社女子高〕

3 次の文の意味を書きなさい。　（5点×2―10点）

難 (1) Try to save energy to protect the earth.
（　　　　　　　　　　　　　　　　　　　　　　　　　　　　　　　　　　　　）

(2) She stopped to buy something to drink.
（　　　　　　　　　　　　　　　　　　　　　　　　　　　　　　　　　　　　）

要 **4** 次の文を英語で書きなさい。　　　　　　　　　　　　　　　　　　（5点×5―25点）

(1) 京都には訪れるべき所がたくさんあります。

_____

(2) あなたはここに自分の名前を書く必要があります。

_____

(3) 私は彼^{かれ}らの質問に答えるためにこの本を読みました。

_____

(4) 彼らはその知らせを聞いて腹を立てるでしょう。

_____

(5) なぜあなたはカナダへ行きたいのですか。― おばに会うためです。

_____

5 次の文を読んで，あとの問いに主語と動詞のある英語で答えなさい。　（5点×4―20点）

　　Bob is a high school student in America. Last year he stayed in Japan for ten months to go to a Japanese high school. He had a great time during his stay in Japan. He joined the school festival. He sang some Japanese songs with his classmates at the festival. It was very exciting to him. He also joined the *kendo* club and enjoyed *kendo* practice with the members of the club. He did a lot of things with his Japanese friends and he was very happy about it. Now, Bob has a dream. He hopes to be a Japanese teacher in America. He wants to visit Japan again next year to study Japanese more.

(1) Did Bob go to a Japanese high school during his stay in Japan ?

_____

(2) Was Bob very happy to do a lot of things with his Japanese friends ?

_____

(3) What is Bob's dream ?

_____

(4) What does Bob want to do next year ?

_____

========================= ▶ **Words & Phrases** ◀ =========================

□when「～とき」　　□take ～ for a walk「～を散歩に連れて行く」　　□twice「2回」
□energy「エネルギー」　　□protect「守る」　　□join「参加する，加わる」
□school festival「学校祭」　　□classmate「同級生」　　□exciting「刺激^し的な」
□hope to ～「～することを望む」　　□more「もっと」

1
2
3
Step C
4
5
6
Step C
7
8
Step C
会話表現(1)
9
10
11
Step C
会話表現(2)
12
13
Step C
14
15
Step C
会話表現(3)
16
17
18
Step C
長文問題
19
20
Step C
実力テスト

10 動 名 詞

Step A 〉 Step B 〉 Step C

解答▶別冊 21 ページ

1 次の各組の文がほぼ同じ内容になるように，＿＿に適語を入れなさい。

(1) 　To dance is a lot of fun.
　　＿＿＿＿＿＿＿＿ is a lot of fun.

(2) 　My hobby is to collect stamps.
　　My hobby is ＿＿＿＿＿＿＿ stamps.

(3) 　She likes to sing songs.
　　She likes ＿＿＿＿＿＿＿ songs.

(4) 　She can play tennis well.
　　She is good at ＿＿＿＿＿＿＿ tennis.

2 次の（　）内から適語を選び，○で囲みなさい。

(1) They enjoyed (to dance, dancing, danced) very much.

(2) Do you want (read, to read, reading) the book ?

(3) Ken likes (watch, watches, watching) TV.

(4) Don't be afraid of (making, to make, make) mistakes.

(5) (Read, Reads, Reading) books is a lot of fun.

(6) Thank you for (to invite, invited, inviting) me to your house.

(7) I hope (seeing, to see, see) you again.

(8) His job is (drive, drives, driving) buses.

3 次の文の意味を書きなさい。

(1) He stopped eating an apple.
　（　　　　　　　　　　　　　　　　　　　　　　　　　）

(2) He stopped to eat an apple.
　（　　　　　　　　　　　　　　　　　　　　　　　　　）

(3) She is growing flowers.
　（　　　　　　　　　　　　　　　　　　　　　　　　　）

(4) Her hobby is growing flowers.
　（　　　　　　　　　　　　　　　　　　　　　　　　　）

4 次の日本文に合うように，＿＿に適語を入れなさい。

(1) 彼女はさよならを言わずに行ってしまいました。
She went away without ＿＿＿＿＿ good-bye.

(2) 明日サッカーをしませんか。
How about ＿＿＿＿＿ soccer tomorrow?

(3) 正午前に雨が降り始めました。
It ＿＿＿＿＿ ＿＿＿＿＿ before noon.

(4) 彼は1時間前に部屋のそうじを終えました。
He ＿＿＿＿＿ ＿＿＿＿＿ the room an hour ago.

(5) 私は音楽を聞くのが好きです。
I'm fond of ＿＿＿＿＿ to music.

(6) メイは京都を訪れるのを楽しみにしています。
May is looking forward to ＿＿＿＿＿ Kyoto.

5 次の日本文に合うように，（ ）内の語句を並べかえて，全文を書きなさい。

(1) ここはこれらの花を育てるのによい土地です。
(this, these flowers, growing, good land, for, is).

_____

(2) 彼はドアをたたくのをやめました。
(he, the door, knocking, stopped, on).

_____

(3) 私たちは楽しく一緒に歌を歌いました。
(we, enjoyed, songs, singing, together).

_____

1 2 3 Step C 4 5 6 Step C 7 8 Step C 会話表現(1) 9 10 11 Step C 会話表現(2) 12 13 Step C 14 15 Step C 会話表現(3) 16 17 18 Step C 長文問題 19 20 Step C 実力テスト

◀ ここで差をつける！ ▶

動名詞は前置詞の目的語になるが不定詞はならない

・I'm looking forward to the party. 「私はパーティーを楽しみにしている」
↑この to は前置詞

（正）I'm looking forward to seeing you. 「あなたに会うのを楽しみにしている」

（誤）I'm looking forward to see you.

▶ **Words & Phrases** ◀

□collect「集める」　□stamp「切手」　□be afraid of ～「～を恐れる」　□invite「招待する」
□grow「育てる」　□go away「行ってしまう」　□be fond of ～「～が好きである」　□knock「たたく」

Step A ＞ Step B ＞ Step C

1 次の＿＿に入る適語を右から選び，必要に応じて適する形にかえて入れなさい。

（3 点×5―15 点）

(1) Wash your hands before ＿＿＿＿＿＿＿＿＿ lunch.

(2) Thank you for ＿＿＿＿＿＿＿＿＿ me to the party.

(3) We enjoyed ＿＿＿＿＿＿＿＿＿ to music last night.

(4) I hope to ＿＿＿＿＿＿＿＿＿ your country someday.

(5) She's good at ＿＿＿＿＿＿＿＿＿ the violin.

go	have
invite	listen
play	visit

2 次の文の（　）に適する語をア～エから選び，記号を○で囲みなさい。　　（3 点×5―15 点）

(1) I have to finish （　　　） the report by tomorrow.
　　ア　writing　　イ　write　　　ウ　to write　　エ　wrote

(2) My brother got up early （　　　） the first train.
　　ア　catch　　　イ　catching　　ウ　caught　　　エ　to catch

(3) He's interested in （　　　） pictures of birds.
　　ア　to take　　イ　took　　　　ウ　taking　　　エ　takes

(4) I would like （　　　） to the movies tonight.
　　ア　for going　イ　to go　　　ウ　goes　　　　エ　going

(5) It's eleven now. Stop （　　　） video games and go to bed, Tom.
　　ア　playing　　イ　play　　　　ウ　to play　　エ　played

3 次の英文にはそれぞれ間違いが 1 か所ずつあります。誤りを含む部分の記号を答え，正しく
書き直しなさい。　　（4 点×5―20 点）

(1) Reading books are useful for you.
　　　ア　　イ　　ウ　　　エ　　　　　　　　　　記号（　　）　訂正＿＿＿＿＿＿＿＿

(2) Work together will be a lot of fun.
　　　ア　　イ　　　ウ　　　エ　　　　　　　　　記号（　　）　訂正＿＿＿＿＿＿＿＿

(3) How about play soccer after school ?
　　　　　ア　　イ　　ウ　　　エ　　　　　　　　記号（　　）　訂正＿＿＿＿＿＿＿＿

(4) She decided joining us at last.
　　　ア　　　　イ　　ウ　エ　　　　　　　　　　記号（　　）　訂正＿＿＿＿＿＿＿＿

(5) That man is proud of be rich.
　　　ア　　イ　　　ウ　エ　　　　　　　　　　　記号（　　）　訂正＿＿＿＿＿＿＿＿

4 次の文の意味を書きなさい。 （5点×4—20点）

(1) Do you remember seeing that person before ?
（ 　　　　　　　　　　　　　　　　　　　　　　　　　　 ）

(2) Please remember to write to me.
（ 　　　　　　　　　　　　　　　　　　　　　　　　　　 ）

(3) I'll never forget visiting this country.
（ 　　　　　　　　　　　　　　　　　　　　　　　　　　 ）

(4) I forgot to go to the post office.
（ 　　　　　　　　　　　　　　　　　　　　　　　　　　 ）

5 次の日本文に合うように，（　）内の語句を並べかえて，全文を書きなさい。ただし，不要なものが1つあります。 （5点×4—20点）

(1) 私はあなたの便りを楽しみにしています。
I'm (to, looking, hear, you, hearing, forward, from).
_____

(2) 私たちはその道具を使うことで箱を開けました。
(the box, without, we, the tool, by, opened, using).
_____

(3) 春はこの町を訪れるのにいい季節です。
(season, is, for, a good, visit, spring, visiting) this town.
_____

(4) 私のいとこは花を見るのが大好きです。
(flowers, likes, much, seeing, to, my cousin, very).
_____

6 次の文を英語で書きなさい。 （5点×2—10点）

(1) 彼女の趣味は人形を集めることです。（5語で）
_____

(2) 彼女はさよなら(good-bye)を言わずに外に行きました。
_____

>>>>>>>>>> **Words & Phrases** <<<<<<<<<<
□report「レポート」 □useful「役に立つ」 □be proud of ～「～を誇りにしている」 □person「人」
□tool「道具」 □cousin「いとこ」

53

Step A ＞ Step B ＞ Step C

重要 1 次の（　）内の動詞を正しい形に直しなさい。ただし，2 語になる場合もある。　（2 点×8─16 点）

(1) She decided (study) abroad.　　　　　　　　　　　　　　　　＿＿＿＿＿＿＿

(2) I'm good at (make) curry.　　　　　　　　　　　　　　　　　＿＿＿＿＿＿＿

(3) He is fond of (climb) mountains.　　　　　　　　　　　　　＿＿＿＿＿＿＿

(4) Yumi enjoyed (swim) in the sea.　　　　　　　　　　　　　＿＿＿＿＿＿＿

(5) Did you finish (watch) the DVD ?　　　　　　　　　　　　＿＿＿＿＿＿＿

(6) Don't forget (come) to the party tomorrow.　　　　　　　＿＿＿＿＿＿＿

(7) He gave up (be) a baseball player.　　　　　　　　　　　　＿＿＿＿＿＿＿

(8) It stopped (rain) an hour ago.　　　　　　　　　　　　　　＿＿＿＿＿＿＿

2 次の文の意味を書きなさい。　（4 点×5─20 点）

(1) After doing my homework, I went to bed.

(　　　　　　　　　　　　　　　　　　　　　　　　　　　　　　　　　　　）

(2) Don't be afraid of making mistakes.

(　　　　　　　　　　　　　　　　　　　　　　　　　　　　　　　　　　　）

(3) His job is driving a bus.

(　　　　　　　　　　　　　　　　　　　　　　　　　　　　　　　　　　　）

(4) I learned a lot of things by traveling all over the world.

(　　　　　　　　　　　　　　　　　　　　　　　　　　　　　　　　　　　）

(5) How about having lunch at the new restaurant ?

(　　　　　　　　　　　　　　　　　　　　　　　　　　　　　　　　　　　）

重要 3 次の各組の文がほぼ同じ内容になるように，＿＿に適語を入れなさい。　（4 点×5─20 点）

(1) ⎰ He continued to read the story.
　　⎱ He didn't ＿＿＿＿＿＿ ＿＿＿＿＿＿ the story.　〔立教高〕

(2) ⎰ I continued to ride a horse over an hour.
　　⎱ I went on ＿＿＿＿＿＿ a horse over an hour.　〔大妻女子大中野女子高〕

(3) ⎰ We ran in the park. We enjoyed it very much.
　　⎱ We ＿＿＿＿＿＿ ＿＿＿＿＿＿ in the park very much.　〔國學院大久我山高〕

(4) ⎰ He had a cup of coffee before he took a bath.
　　⎱ He had a cup of coffee before ＿＿＿＿＿＿ a bath.　〔法政大第二高〕

(5) ⎰ He didn't answer my question and went away.
　　⎱ He went away ＿＿＿＿＿＿ ＿＿＿＿＿＿ my question.　〔青雲高〕

4 次の文を英語で書きなさい。　　　　　　　　　　　　　　　　（5点×4—20点）

(1) トムはその壁を塗り終えましたか。

_____

(2) 私は魚つりに行くのを楽しみにしています。

_____

(3) 彼は話すのをやめてそのりんごを食べ始めました。

_____

(4) 彼らは川に沿って歩くのを楽しみました。

_____

5 次の文を読んで，あとの問いに主語と動詞のある英語で答えなさい。　　（6点×4—24点）

　　Hello, everyone. My name is Masao Okada. I became an English teacher ten years ago. Today I want to talk about my experience.

　　I went to America when I was sixteen years old. I enjoyed staying with an American family for two weeks. There was a high school boy in the family. His name was Tom. At that time I didn't speak English well, but Tom and I became good friends soon.

　　One day, I went to a stadium to see a baseball game with Tom. Both Tom and I loved baseball. The game was so exciting. We came home from the stadium, and we talked about the game. I enjoyed talking with him in my poor English then.

　　How about talking about your favorite things in English ? Speaking English will be more interesting.

　　注　became　bacome（〜になる）の過去形　　when 〜　〜のとき　　both A and B　A と B の両方
　　　　poor　下手な　　more interesting　もっとおもしろい

(1) How long did Mr. Okada stay in America at the age of 16 ?

_____

(2) Was Mr. Okada good at speaking English ?

_____

(3) What did Mr. Okada and Tom do after coming home from the stadium ?

_____

(4) What did Mr. Okada recommend doing ?

_____

注　recommend　勧める

==================> **Words & Phrases** <==================

□abroad 「外国で」　　□climb 「登る」　　□give up 「あきらめる」　　□mistake 「間違い」

□all over the world 「世界中」　　□continue 「続ける」　　□go on 〜ing 「〜し続ける」

□take a bath 「風呂に入る」

11 接続詞

Step A 〉 Step B 〉 Step C

解答▶別冊 24 ページ

1 次の日本文に合うように，＿＿に適語を入れなさい。

(1) 私がそこに着いたとき，彼（かれ）が私を待っていました。

＿＿＿＿＿＿＿ I arrived there, he was waiting for me.

(2) 食べる前に手を洗ってください。

Please wash your hands ＿＿＿＿＿＿ you eat.

(3) 彼は私を見るとすぐに泣き始めました。

＿＿＿＿＿＿ ＿＿＿＿＿＿ ＿＿＿＿＿＿ he saw me, he began to cry.

(4) もし明日雨だったら私は出かけません。

I won't go out ＿＿＿＿＿＿ it rains tomorrow.

(5) 私はとても疲（つか）れていました，それで早く寝（ね）ました。

I was very tired, ＿＿＿＿＿＿ I went to bed early.

(6) 私が眠（ねむ）っている間に，トムが私に電話をしてきました。

Tom called me ＿＿＿＿＿＿ I was sleeping.

(7) あなたは彼が私たちを手伝ってくれると思いますか。

Do you think ＿＿＿＿＿＿ he will help us ?

2 次の 2 つの文を，（　）内の接続詞を使って 1 つの文にしなさい。

(1) You must study hard. You are young. （while）

＿＿＿＿＿＿＿＿＿＿＿＿＿＿＿＿＿＿＿＿＿＿＿＿＿＿＿＿＿＿

(2) You'll be able to ride a bike. You practice every day. （if）

＿＿＿＿＿＿＿＿＿＿＿＿＿＿＿＿＿＿＿＿＿＿＿＿＿＿＿＿＿＿

(3) I finish my homework. I'll go out. （after）

＿＿＿＿＿＿＿＿＿＿＿＿＿＿＿＿＿＿＿＿＿＿＿＿＿＿＿＿＿＿

(4) I was absent. I had a bad cold. （because）

＿＿＿＿＿＿＿＿＿＿＿＿＿＿＿＿＿＿＿＿＿＿＿＿＿＿＿＿＿＿

(5) You leave home. I must tell you something. （before）

＿＿＿＿＿＿＿＿＿＿＿＿＿＿＿＿＿＿＿＿＿＿＿＿＿＿＿＿＿＿

(6) I was very sad. I heard the news. （when）

＿＿＿＿＿＿＿＿＿＿＿＿＿＿＿＿＿＿＿＿＿＿＿＿＿＿＿＿＿＿

3 次の文の意味を書きなさい。

(1) After I finished my homework, I enjoyed cycling.

(   )

(2) I thought that Mike was very kind.

(   )

(3) We will wait here until he comes.

(   )

(4) Study hard, or you won't pass the exam.

(   )

(5) I hear your uncle lives in Paris.

(   )

4 次の日本文に合うように，（　）内の語句や符号を並べかえて，全文を書きなさい。

(1) 私は，明日雪は降らないと思います。

(think, will, tomorrow, I, it, don't, snow, that).

_____

(2) あなたは，彼女_{かの}がフランス語を話せると知っていますか。

(know, can, French, you, do, she, speak)?

_____

(3) 明日雨が降れば私は家にいるつもりです。

(it, stay, if, tomorrow, I'll, home, rains / ,).

_____

(4) 彼_{かれ}は一生懸命_{けん}に働きすぎたので，病気になりました。

(he, too, worked, because, hard, sick, he, became).

_____

1
2
3
Step C
4
5
6
Step C
7
8
Step C
会話表現(1)
9
10
11
Step C
会話表現(2)
12
13
Step C
14
15
Step C
会話表現(3)
16
17
18
Step C
長文問題
19
20
Step C
実力テスト

◤━━━━━━━━ ここで差をつける！ ━━━━━━━━◥

従属接続詞の文は〈接続詞＋主語＋動詞〜〉で意味のまとまりをつくる

・He stayed home because he was sick.「彼は病気だったので，家にいました」
　　　主節　　　　　　　　従属節（because 以下が理由）

・If it rains tomorrow, I'll stay home.「もし明日雨が降るなら，私は家にいます」
　　　従属節　　　↑カンマ　主節

- - - - - - - - - - ▶ **Words & Phrases** ◀ - - - - - - - - - -

□arrive「着く」　　□go out「出かける，外出する」　　□absent「欠席して」
□have a cold「かぜをひいている」　　□pass「合格する」　　□exam「試験」

Step A　Step B　Step C

重要 1 次の(1)〜(4)のあとに続くものとして適当なものをア〜カから選び，記号で答えなさい。

（4点×4—16点）〔就実高—改〕

(1) Kate can talk a lot about the town　（　　　）

(2) Kate was not able to buy food　（　　　）

(3) They won't play baseball （　　　）

(4) Kate was very tired　（　　　）

ア　they are looking forward to playing it.　イ　if it is fine.

ウ　but she worked hard.　エ　because she went there once.

オ　if it rains.　カ　because she had no money.

重要 2 次の各組の文がほぼ同じ内容になるように，＿＿に適語を入れなさい。 （4点×6—24点）

(1) If you run to the station, you'll catch the last train.

＿＿＿＿＿＿ to the station, ＿＿＿＿＿＿ you'll catch the last train. 〔順心女子学園高〕

(2) At the age of five, he went to America.

＿＿＿＿＿＿ ＿＿＿＿＿＿ was five years old, he went to America. 〔高知高〕

(3) Do you brush your teeth before you go to bed ?

Do you go to bed ＿＿＿＿＿＿ you brush your teeth ?

(4) Five minutes' walk will bring you to the station.

＿＿＿＿＿＿ you walk five minutes, you will get to the station. 〔天理高〕

(5) Because the lady was very kind, I remembered my dead mother.

The lady's kindness ＿＿＿＿＿＿ me of my dead mother. 〔城北高〕

難 (6) Without your help, we won't be able to do the work.

＿＿＿＿＿＿ ＿＿＿＿＿＿ ＿＿＿＿＿＿ ＿＿＿＿＿＿ ＿＿＿＿＿＿, we won't be able to do the work. 〔愛光高〕

3 次の文の意味を書きなさい。 （4点×3—12点）

(1) Although we were poor, we lived happily.

（　　　　　　　　　　　　　　　　　　　　　　　　　　　）

(2) Please write to me as soon as you get this letter.

（　　　　　　　　　　　　　　　　　　　　　　　　　　　）

(3) I'm sure we will win the game.

（　　　　　　　　　　　　　　　　　　　　　　　　　　　）

4 次の文を英語で書きなさい。　　　　　　　　　　　（5点×6—30点）

(1)　私たちは，彼は正直だと信じていました。

_____

(2)　私はテレビを見ているうちに，寝入ってしまいました。

_____

(3)　もし明日晴れなら，私は公園に行くつもりです。

_____

(4)　彼は病気の人々を助けたかったので，医者になる決心をしました。

_____

(5)　忘れないうちに私は宿題をするつもりです。

_____

(6)　昼食を食べてから買い物に行きましょう。

_____

5 次の文を読んで，あとの問いに主語と動詞のある英語で答えなさい。　（6点×3—18点）

　　Ms. Saito is a junior high school teacher. The third year students leave their junior high school, so she always feels sad in March. Last November, she thought, "If I plant flower seeds in my garden now, they will open next March. When the forty students in my class leave our junior high school, I want to give the flowers to them as presents." So she planted forty flower seeds in her garden. About four months later, they opened. This March she gave the flowers with messages to the students in her class. In the messages she said, "I hope that you will enjoy your high school life."

注　feel sad　悲しく感じる

(1)　Why does Ms. Saito always feel sad in March?

_____

(2)　When did Ms. Saito plant the flower seeds in her garden?

_____

(3)　What did Ms. Saito give to the students in her class this March?

_____

▶▶▶▶ **Words & Phrases** ◀◀◀◀
□look forward to ～「～を楽しみにして待つ」　□age「年齢」　□poor「貧しい」
□happily「幸せに」　□plant「植える」　□seed「種」　□open「（花が）咲く」

59

Step A 〉 Step B 〉 Step C

●時　間 40分	●得　点
●合格点 70点	点

解答▶別冊 25 ページ

1 次の（　）に入る最も適当なものを選び，記号で答えなさい。　　　　（3点×4—12点）

(1) What are you going to do when you (　　　) school ?
ア left　　イ leave　　ウ will leave　　エ leaving　〔青雲高〕

(2) I remember (　　　) him somewhere before.
ア seeing　　イ see　　ウ to see　　エ saw

(3) He got up very late, (　　　) he missed the bus and was late for work.
ア because　　イ as　　ウ though　　エ so　〔青雲高〕

(4) I'm hungry. I want (　　　).　〔東大寺学園高〕
ア something eating　　イ eating something
ウ something to eat　　エ to something eat

(1)	
(2)	
(3)	
(4)	

重要 2 次の各組の文がほぼ同じ内容になるように，＿＿に適語を入れなさい。　　（4点×4—16点）

(1) If you work so hard, you will get sick.　〔十文字高〕
＿＿＿＿＿ work so hard, ＿＿＿＿＿ you will get sick.

(2) I was surprised when I heard the news.　〔同志社高〕
I was surprised ＿＿＿＿＿ ＿＿＿＿＿ the news.

(3) Read this book, but don't use a dictionary.　〔市川高〕
Read this book ＿＿＿＿＿ ＿＿＿＿＿ a dictionary.

(4) It may rain heavily tomorrow, but I can't be late for the concert.
＿＿＿＿＿ it rains heavily or ＿＿＿＿＿ tomorrow, I can't be late for the concert.　〔慶応義塾高一改〕

(1)	
(2)	
(3)	
(4)	

3 次の文の意味を書きなさい。

(1) Talking to her wasn't so easy for me.
(2) I'm fond of playing video games when I have nothing to do.
(3) I will never forget you even if we live far away.

（6点×3—18点）

(1)	
(2)	
(3)	

4 次の日本文に合うように, ( )内の語句を並べかえて, 全文を書きなさい。

(1) 新聞によれば, 明日は雨が降るそうです。

(that, tomorrow, the newspaper, will, it, says, rain).

(2) あなたはどんな種類のスポーツを見るのに興味がありますか。

(sports, you, what, watching, kind, interested, of, in, are) ?　　　〔東海高〕

(3) 大切なことは健康に注意することです。

(health, the, to, careful, important, about, thing, is, your, be).　　　〔明治学園高〕

(4) 私はいっしょにテニスをする人を探しています。

(for, with, I'm, to, someone, looking, tennis, play).

（5点×4—20点）

(1)	
(2)	
(3)	
(4)	

5 次の( )にあてはまるものをア〜オからそれぞれ選び, 記号で答えなさい。　　　〔暁高—改〕

　　Last August Fumi wanted a new dress. She went shopping with her mother to buy a dress (①) Her mother said, "How about making a dress for yourself ? (②) I'll help you." "I'll try," she said. Then they bought some beautiful cloth. The cloth was blue and had flowers all over it. When she was going to cut the cloth, she failed. (③) She thought she could not make her dress any more. She was very sad (④) Then her mother said, "(⑤)" In the evening they finished their work. The aprons were very nice.

注　for yourself　自分で　　fail　失敗する

> ア　She made a very big mistake.　　イ　I'm good at making dresses.
> ウ　Let's make three aprons with this cloth.　　エ　and she wanted to cry.
> オ　but she couldn't find a good one.

（4点×5—20点）

①	②	③
④	⑤	

6 次の文を英語で書きなさい。

(1) あなたはここにいる間, 何をしたいですか。

(2) 君に再会することを楽しみにしています。　　　〔筑波大附属駒場高〕

（7点×2—14点）

(1)	
(2)	

1
2
3
Step C
4
5
6
Step C
7
8
Step C
会話表現(1)
9
10
11
Step C
会話表現(2)
12
13
Step C
14
15
Step C
会話表現(3)
16
17
18
Step C
長文問題
19
20
Step C
実力テスト

1 次のそれぞれの対話が自然な流れになるように，（　）に最もよく当てはまる英文を，下のア〜カから選び，記号で答えなさい。　　　　　　　　　　　　　　　　　（6点×4—24点）〔宮崎〕

(1)　*A :* How about this one ?

　　B : I don't like this color.　（　　　）

　　A : All right. Here you are.

(2)　*A :* How do you like your school life ?

　　B : （　　　）

　　A : I'm glad to hear that.

(3)　*A :* Can I use your dictionary ?

　　B : （　　　）

　　A : Thank you.

(4)　*A :* Please put my bag on that table.

　　B : OK.

　　A : （　　　）

　　B : No problem.

ア	Thank you for your help.	**イ**	I'm new to them.
ウ	Please show me another one.	**エ**	OK. Go straight ahead.
オ	Sure, go ahead.	**カ**	So far so good.

2 空所に適するものをア〜カからそれぞれ選び，記号で答えなさい。　　　　　　（8点×5—40点）

Clerk : What can I do for you ?　　　　　　　　　　　　　〔香川県大手前高松高—改〕

Kathy: (1)（　　　）

Clerk : (2)（　　　）

Kathy: I don't like it very much. Would you show me some other ones ?

Clerk : Well, how do you like this ?

Kathy: (3)（　　　）

Clerk : This bag is made of leather.

Kathy: (4)（　　　）

Clerk : Ten thousand yen.

Kathy: (5)（　　　）

Clerk : I'm sorry, but this is a department store, so I can't do that.

ア	How much is it ?	**イ**	What is it made of ?
ウ	Thank you.	**エ**	I'm looking for a handbag.
オ	Could you come down on the price ?	**カ**	How about this one ?

3 次は，Yuki と店員 (Clerk) との対話です。下の①，②の英文が入る場所として最も適当なものを，対話文中の〈ア〉〜〈エ〉の中からそれぞれ選び，その記号を書きなさい。

> ① I'll take it.
> ② Shall I show you a smaller one ?

Clerk : May I help you ?

Yuki : Yes, please. I like this T-shirt, but it's too big for me. 〈 ア 〉

Clerk : 〈 イ 〉 How about this one ?

Yuki : This is nice. 〈 ウ 〉 How much is it ?

Clerk : It's 15 dollars. 〈 エ 〉

①(　　　) ②(　　　)

4 次の英文は，理香 (Rika) と弟の研二 (Kenji) と店員 (Clerk) の会話です。空所に適するものをア〜エの中からそれぞれ選び，その記号を書きなさい。

Rika : Our mother gave us one thousand yen to buy hamburgers. What shall we eat ?

Kenji : I would like a cheeseburger, a chickenburger and juice.

Rika : I would like a cheeseburger and juice, but we don't have enough money.

Kenji : OK. I will change my order. Two hamburgers and juice.

Clerk : (1)(　　　)

Rika : Yes.

Clerk : (2)(　　　)

Rika : Two hamburgers, one cheeseburger and two cups of juice, please.

Clerk : The total is 990 yen.

(*Rika gives money to the clerk.*)

Clerk : (3)(　　　)

(*The clerk gives their order to Rika.*)

Clerk : (4)(　　　)

Rika : Thank you.

> ア Are you ready to order ?　　イ Here's your change.
> ウ Have a nice day.　　エ What would you like ?

▶ **Words & Phrases** ◀

□go ahead「どうぞ」　□so far「今までは」　□be made of「（素材が）〜でできている，〜製である」
□leather「革」　□department store「百貨店」　□price「値段」　□dollar「ドル」
□order「注文：注文する」　□total「合計」　□change「おつり」

12 文 構 造

Step A ▶ Step B ▶ Step C

解答▶別冊 27 ページ

1 次の文の＿＿に入る最も適当なものを右から選び，書きなさい。

(1) You ＿＿＿＿＿＿ like your mother.

(2) He will ＿＿＿＿＿＿ an actor.

(3) Will you ＿＿＿＿＿＿ the pictures to me ?

(4) Did you ＿＿＿＿＿＿ the cat Tama ?

(5) I won't ＿＿＿＿＿＿ you the truth.

become	look
name	show
tell	

2 次の文を（　）内の指示に従って書きかえなさい。

(1) She is busy.　（「～に見える」という意味の文に）

＿＿＿＿＿＿＿＿＿＿＿＿＿＿＿＿＿＿＿＿＿＿＿＿＿＿＿＿＿

(2) John wrote a letter.　（文末に「私に」という意味の語句を加えて）

＿＿＿＿＿＿＿＿＿＿＿＿＿＿＿＿＿＿＿＿＿＿＿＿＿＿＿＿＿

(3) Kumi cooked curry.　（us という 1 語を加えて）

＿＿＿＿＿＿＿＿＿＿＿＿＿＿＿＿＿＿＿＿＿＿＿＿＿＿＿＿＿

3 次の文の意味を書きなさい。

(1) Please call me later.　（　　　　　　　　　　　　　　　　　）

(2) Please call me Meg.　（　　　　　　　　　　　　　　　　　）

(3) She made her son a sandwich.　（　　　　　　　　　　　　　　　　　）

(4) She made her son a doctor.　（　　　　　　　　　　　　　　　　　）

4 次の各組の文がほぼ同じ内容になるように，＿＿に適語を入れなさい。

(1) { She sent her a present.
　　{ She sent a present ＿＿＿＿＿＿ her.

(2) { I bought him an apron.
　　{ I bought an apron ＿＿＿＿＿＿ him.

(3) { I'll make you lunch.
　　{ I'll make lunch ＿＿＿＿＿＿ you.

(4) { Would you lend me this pen ?
　　{ Would you lend this pen ＿＿＿＿＿＿ me ?

5 次の日本文に合うように，（ ）内の語句を並べかえて，全文を書きなさい。

(1) あなたの考えはとてもおもしろそうです。

(very, idea, interesting, your, sounds).

_____

(2) 父は私に腕時計をくれました。

(gave, my, a watch, me, to, father).

_____

(3) あなたに質問してもいいですか。

(a question, ask, may, you, I)?

_____

(4) 彼らは赤ちゃんをジェーンと名づけました。

(Jane, they, baby, their, named).

_____

(5) 私の言葉が彼を怒らせました。

(words, angry, my, him, made).

_____

6 次の文を英語で書きなさい。

(1) 私は今，幸せに感じます。

_____

(2) 私の兄は英語の先生になりました。

_____

(3) 私たちはその花を日本語で菊 (*kiku*) と呼びます。

_____

(4) 彼は私たちに数学を教えます。

_____

1
2
3
Step C
4
5
6
Step C
7
8
Step C
会話表現 (1)
9
10
11
Step C
会話表現 (2)
12
13
Step C
14
15
Step C
会話表現 (3)
16
17
18
Step C
長文問題
19
20
Step C
実力テスト

ここで差をつける！

第4文型と第3文型の書き換え

・**to を使う動詞**：give, lend, send, show, teach, tell, write など

I **gave** him a book.　⇔　I **gave** a book to him.

・**for を使う動詞**：buy, cook, get, find, make など

I **made** him a cake.　⇔　I **made** a cake for him.

◆◆◆◆◆◆◆◆◆◆◆◆◆◆◆◆◆◆◆◆◆ **Words & Phrases** ◆◆◆◆◆◆◆◆◆◆◆◆◆◆◆◆◆◆◆

□name「名づける」　　□lend「貸す」　　□angry「怒った」

Step A ▷ Step B ▷ Step C

●時 間 30分	●得 点
●合格点 70点	点

解答▶別冊 28 ページ

重要 1 次の各文と同じ構造の文をア〜コから 2 つずつ選び，記号で答えなさい。　（3 点×5—15 点）

(1) Father gave me this watch. 　　（　　）（　　）

(2) We call her Aunt Mary. 　　（　　）（　　）

(3) Our school begins at eight twenty. 　　（　　）（　　）

(4) They grew old. 　　（　　）（　　）

(5) I got a good book for you. 　　（　　）（　　）

ア	My uncle lives in Okayama.	イ	She feels happy.
ウ	He named this dog Shiro.	エ	Will you lend me some money ?
オ	We grow vegetables.	カ	It's getting dark.
キ	He always makes me happy.	ク	I'll call you later.
ケ	I go there by bike.	コ	I showed him the photos.

2 次の文の（　）に入る最も適当なものを選び，記号で答えなさい。　（3 点×5—15 点）

(1) At that time, he spoke （　　　）.
　　ア　bad　　　イ　good　　　ウ　happy　　　エ　sadly

(2) That plan （　　）good.
　　ア　has　　　イ　hears　　　ウ　makes　　　エ　sounds

(3) I （　　　）him an interesting book.
　　ア　borrowed　　イ　lent　　　ウ　needed　　　エ　wanted

(4) Yuta gave （　　　）.
　　ア　it me　　　イ　it to me　　ウ　me it　　　エ　me for it

(5) Music （　　）us happy.
　　ア　becomes　　イ　feels　　　ウ　looks　　　エ　makes

3 次の文の意味を書きなさい。　（5 点×4—20 点）

(1) You look very nice in the sweater.
　　（　　　　　　　　　　　　　　　　　　　　　　　　　　　　　　）

(2) When did the leaves turn yellow ?
　　（　　　　　　　　　　　　　　　　　　　　　　　　　　　　　　）

(3) He gave me hope for the future.
　　（　　　　　　　　　　　　　　　　　　　　　　　　　　　　　　）

(4) What made you so sad ?
　　（　　　　　　　　　　　　　　　　　　　　　　　　　　　　　　）

4 次の日本文に合うように，＿＿に適語を入れなさい。　　　（4点×5—20点）

(1) 私たちは幸せに暮らしています。

We ＿＿＿＿＿ ＿＿＿＿＿.

(2) 私たちにこの地図を見せてくれませんか。

Will you ＿＿＿＿＿ ＿＿＿＿＿ this map?

(3) 外は少し寒く感じました。

I ＿＿＿＿＿ a little ＿＿＿＿＿ outside.

(4) 佐藤先生は昨年私に英語を教えてくれました。

Mr. Sato ＿＿＿＿＿ English ＿＿＿＿＿ ＿＿＿＿＿ last year.

(5) 窓は開けておいてください。

Please ＿＿＿＿＿ the windows ＿＿＿＿＿.

5 次の日本文に合うように，（　）内の語句を並べかえて，全文を書きなさい。ただし，不要なものが1つあります。　　　（5点×4—20点）

(1) 彼は有名な歌手になるでしょう。

(become, he, singer, famous, will, a, get).

(2) 彼女は私に名前を言いませんでした。

(her, didn't, me, she, tell, name, say).

(3) 彼女は私にお茶を1杯いれてくれました。

(a cup, made, me, to, tea, for, of, she).

(4) あなたはその人形を何と名づけましたか。

(how, the doll, what, you, name, did)?

6 次の文を英語で書きなさい。　　　（5点×2—10点）

(1) あの石は猫のように見えます。

(2) その知らせは私たちを驚かせました。

> **Words & Phrases**
□watch「腕時計」　□vegetable「野菜」　□dark「暗い」　□sweater「セーター」
□leaves leaf「葉」の複数形　□hope「希望」　□future「将来」　□map「地図」　□famous「有名な」

67

●時　間 30分	●得　点
●合格点 70点	点

解答▶別冊 28 ページ

重要 1 次の各組の文がほぼ同じ内容になるように，＿＿に適語を入れなさい。　　（5点×4—20点）

(1) Why did you become so angry yesterday ?
　　What ＿＿＿＿＿＿ ＿＿＿＿＿＿ so angry yesterday ?　　〔洛南高〕

(2) I borrowed this book from him.
　　He ＿＿＿＿＿＿ this book ＿＿＿＿＿＿ me.

(3) He asked me a question.
　　He asked a question ＿＿＿＿＿＿ me.

(4) Her name is Elizabeth. Beth is her nickname.
　　Her friends usually ＿＿＿＿＿＿ her ＿＿＿＿＿＿.　　〔高知学芸高〕

2 意味の通る英文になるように，（　）内の語句を並べかえて，全文を書きなさい。

（5点×5—25点）

(1) A : (the salt, pass, will, me, you) ?
　　B : Sure. Here you are.

(2) (looks, a, star, he, like, movie).

(3) (her voice, heard, when, he, he, pale, turned).

(4) (room, you, clean, should, your, keep).

(5) (I'll, the pictures, of, some, you, to, send).

3 次の疑問文に（　）内の語句を使って英語で答えなさい。　　（5点×3—15点）

(1) How did Mary look last night ?　　(tired)

(2) What are you going to give your brother ?　　(a soccer ball)

(3) What did he name his dog ?　　(Kuro)

4 次の文を英語で書きなさい。 （5点×3—15点）

(1) 私は彼(かれ)がよい野球選手になるだろうと思います。

_____

(2) この本は彼女(かの)を有名な作家にしました。

_____

(3) 私が彼にあなたの写真を見せたとき，彼は悲しそうでした。

_____

5 空所に適する文をア～クからそれぞれ選び，記号で答えなさい。

（5点×5—25点）〔東京電機大高一改〕

Dick : May I use your map, Susie ?

Susie: All right. It's in my room. (1)(　　　)

Dick : Thank you.

(*Susie goes to her room. She finds her map and comes back with it.*)

Susie: Here you are. What are you going to do with it ?

Dick : Bob and I are making plans for our trip.

Susie: Are you going to Dallas again ?

Dick : No, we aren't. We will not need a map if we are going there. (2)(　　　)
We want to go to some other places.

Susie: Why ? Many people think it's a very nice place.

Dick : We didn't like it very much last year. (3)(　　　) We want to camp in a quiet place
this year.

Susie: Mr. Green knows a lot of good places for camping. (4)(　　　)

Dick : Yes, Susie. He gave us the names of three camping places. (5)(　　　)

Susie: I see. I hope they are in my map.

ア	We are very happy because you can come with us.
イ	I will bring it to you.
ウ	We know the way very well.
エ	There were too many people there.
オ	Did you talk with him ?
カ	We want to find them in the map.
キ	It was too hot there.
ク	He must talk with us at once.

1
2
3
Step
C
4
5
6
Step
C
7
8
Step
C
会話表現
(1)
9
10
11
Step
C
会話表現
(2)
12
13
Step
C
14
15
Step
C
会話表現
(3)
16
17
18
Step
C
長文
問題
19
20
Step
C
実力
テスト

▶▶▶▶▶▶▶▶▶▶▶▶▶▶▶ Words & Phrases ◀◀◀◀◀◀◀◀◀◀◀◀◀◀◀◀

☐nickname「愛称(しょう)」　☐voice「声」　☐pale「(顔が)青い」　☐plan「計画」　☐trip「旅行」
☐camping「キャンプ」　☐at once「すぐに」

13 文 の 種 類

Step A 〉 Step B 〉 Step C

解答▶別冊 29 ページ

1 次の文を指示に従って書きかえなさい。

(1) You are patient. （命令文に）

_____

(2) Be late for school. （否定の命令文に）

_____

(3) You don't play video games. （疑問文に）

_____

(4) You are from Kyoto. （付加疑問文に）

_____

(5) Tom likes cats. （付加疑問文に）

_____

2 次の（　）内から適語を選び，○で囲みなさい。

(1) （What，How）an easy question this is !

(2) （What，How）big your dog is !

(3) （What，How）well he speaks English !

(4) （Aren't，Don't）you a high school student ?

(5) （Doesn't，Don't）Jack eat *natto* ?

(6) You were absent yesterday, （were，weren't）you ?

(7) They went shopping, （didn't，don't）they ?

(8) Your mother doesn't drive, （does，doesn't）she ?

3 次の文の意味を書きなさい。

(1) Jim plays baseball, doesn't he ?
（　　　　　　　　　　　　　　　　　　　　　　　　　　　　　）

(2) How old this building is !
（　　　　　　　　　　　　　　　　　　　　　　　　　　　　　）

(3) What beautiful flowers you are growing !
（　　　　　　　　　　　　　　　　　　　　　　　　　　　　　）

(4) Aren't you from Canada ? — No, I'm not.
（　　　　　　　　　　　　　　　　　　　　　　　　　　　　　）

4 次の日本文に合うように，（　）内の語句を並べかえて，全文を書きなさい。

(1) 彼はなんと速く走っているのだろう。(he, how, fast, running, is)！

(2) 彼女はなんときれいな人形を私にくれたのだろう。
(she, what, beautiful, doll, me, gave, a)！

(3) 私と一緒に行きませんか。　(don't, go, me, why, with, you)？

(4) 緊張しすぎないようにしなさい。(be, too, don't, nervous).

5 次の日本文に合うように，＿＿に適語を入れなさい。

(1) 彼は勤勉な生徒ではないのですか。
＿＿＿＿＿＿ ＿＿＿＿＿＿ a diligent student？

(2) ((1)に答えて)いいえ，勤勉な生徒ですよ。
＿＿＿＿＿＿, he ＿＿＿＿＿＿.

(3) あなたはなんと難しい質問を私にしたのだろう。
＿＿＿＿＿＿ ＿＿＿＿＿＿ questions you asked me！

(4) あれらの鳥はなんとかわいいのだろう。
＿＿＿＿＿＿ ＿＿＿＿＿＿ those birds are！

(5) ケンとトムは昨日サッカーをしませんでしたね。
Ken and Tom didn't play soccer yesterday, ＿＿＿＿＿＿ ＿＿＿＿＿＿ ？

(6) この近くに大きな公園がありますね。
There is a big park near here, ＿＿＿＿＿＿ ＿＿＿＿＿＿ ？

━━ ここで差をつける！ ━━

特殊な付加疑問

・Let's play tennis, shall we？「テニスをしましょうよ」
　（Let's の文には，shall we？がつく）

・Be quiet, will you？「静かにしましょうね」（命令文には will you？がつく）

・There is a bird in the tree, isn't there？「木に鳥がいますよね」
　↑ there is / are の文は，there を主語のように扱う

━━ Words & Phrases ━━

□patient「しんぼう強い」　□be late for 〜「〜に遅れる」　□absent「欠席して」　□nervous「緊張する」
□diligent「勤勉な」

Step A 〉 Step B 〉 Step C

解答▶別冊 30 ページ

1 次の文を指示に従って書きかえなさい。　　　　　　　　　　　　　　　（4点×6—24点）

(1) Yumi will come here soon.　（付加疑問文に）

_____

(難)(2) Let's work together.　（付加疑問文に）

_____

(難)(3) Help us.　（付加疑問文に）

_____

(4) These books are very useful.　（感嘆文に）

_____

(5) You have a very sweet voice.　（感嘆文に）

_____

(6) Ken went to the concert.　（否定疑問文に）

_____

(重要) **2** 次の各組の文がほぼ同じ内容になるように，____に適語を入れなさい。　（3点×4—12点）

(1) { This is a very interesting story.
　　{ _____ _____ _____ story this is !　　〔玉川学園高〕

(2) { They are very fast swimmer.
　　{ _____ _____ they swim !

(3) { How about going to the library ?
　　{ _____ _____ you go to the library ?

(4) { Please don't make a noise.
　　{ Please _____ _____ .

3 次の文の意味を書きなさい。　　　　　　　　　　　　　　　　　　　（3点×4—12点）

(1) Can't Jim play the guitar ? — Yes, he can.
　（　　　　　　　　　　　　　　　　　　　　　　　　　　　　）

(2) Don't be afraid of making mistakes.
　（　　　　　　　　　　　　　　　　　　　　　　　　　　　　）

(3) What a big mistake you made !
　（　　　　　　　　　　　　　　　　　　　　　　　　　　　　）

(4) Why don't you come to my house next Sunday ?
　（　　　　　　　　　　　　　　　　　　　　　　　　　　　　）

4 次の日本文に合うように，（　）内の語句を並べかえて，全文を書きなさい。ただし，不要なものが1つあります。

(5点×4—20点)

(1) 真実を知ったとき，驚いてはいけません。
（ when, surprised, you, be, know, don't, are, the truth ）.

_____

(2) 昨日はなんと寒かったのだろう。
（ was, what, cold, it, yesterday, how ）!

_____

(3) あれらはなんと古い建物だろう。
（ are, what, buildings, those, an, old ）!

_____

(4) ほかの人が困っているときに親切にしなさい。
（ you, to, when, are, be, others, kind, in trouble, they ）.

_____

5 次の文を英語で書きなさい。

(4点×8—32点)

(1) マリはピアノが弾けますね。

_____

(2) あなたのお姉さんは犬が好きではないのですか。— はい，好きではありません。

_____

(3) これらのノートはあなたのものではありませんね。

_____

(4) あなたは今朝，朝食を食べませんでしたね。

_____

(5) 私たちはなんと幸運なんだろう。

_____

(6) 彼はなんと上手なサッカー選手なんだろう。

_____

(7) 英語を話すとき，恥ずかしがってはいけません。

_____

(8) あなたは昨日，風呂に入らなかったのですか。— いいえ，入りましたよ。

_____

Words & Phrases

□useful「役に立つ」　□sweet「甘い」　□voice「声」　□make a noise「騒音をたてる」
□mistake「間違い」　□truth「真実」　□others「ほかの人」　□be in trouble「困っている」

Step A 〉 Step B 〉 Step C

●時 間 40分　●得 点
●合格点 70点　　　　点

解答▶別冊 31 ページ

1 次の文の（　）に入る最も適当なものを選び，記号で答えなさい。　（2点×4—8点）

(1) He （　　　） a doctor last year.
　　ア became　　イ felt　　ウ looked　　エ sounded
(2) （　　　） don't you have lunch with me ? — All right.
　　ア What　　イ How　　ウ Where　　エ Why
(3) A hamburger in this picture looks real. It （　　　） me hungry.
　　ア makes　　イ calls　　ウ takes　　エ gives　　〔秋田〕
(4) Mr. Brown can speak Japanese, （　　　）?
　　ア can't he　　イ can't Mr. Brown
　　ウ can he　　エ can Mr. Brown　　〔東大寺学園高〕

(1)	
(2)	
(3)	
(4)	

2 次の各組の文がほぼ同じ内容になるように，＿＿に適語を入れなさい。　（4点×3—12点）

(1) { You must not be afraid of making mistakes.
　　{ ＿＿＿＿＿＿ ＿＿＿＿＿＿ afraid of making mistakes.　〔愛光高〕
(2) { My father bought me a new baseball bat.　〔同志社高〕
　　{ My father bought a new baseball bat ＿＿＿＿＿＿ ＿＿＿＿＿＿.
(3) { Mr. Sato is our math teacher.
　　{ Mr. Sato ＿＿＿＿＿＿ ＿＿＿＿＿＿ math.

(1)	
(2)	
(3)	

重要 **3** 次の文を指示に従って書きかえなさい。

(1) There was no water in the pool.　（付加疑問を加えて）　〔土佐塾高〕
(2) They call the dog John.　（下線部が答えの中心になる疑問文に）
(3) How well Noriko speaks English !　（What を用いて）　〔高知学芸高〕
(4) Susie bought the bag.　（否定疑問文にして，Yes で答える）

（5点×4—20点）

(1)	
(2)	
(3)	
(4)	

4 次の文の意味を書きなさい。

(1) The weather is getting warm.　　(2) She gave me a glass of water.

(3) Can't your father swim ? — No, he can't.　　(4) Don't make your parents sad.

（4点×4—16点）

(1)	
(2)	
(3)	
(4)	

5 次の会話文を読み，文中の（　）に入る最も適切なものをア～カからそれぞれ選び，記号で答えなさい。

〔清水ヶ丘高〕

(*At a Department Store*)

Clerk: （　①　）

Emi : I'm looking for a nice dress.

Clerk: （　②　） Try them on, Miss.

(*She tries them on.*)

Emi : This is a little too small. （　③　）

Clerk: How about this one ?

Emi : Fine. （　④　） How much ?

Clerk: （　⑤　）

Emi : How cheap ! I'm lucky.

ア	Here they are.
イ	It is 5,000 yen.
ウ	May I help you ?
エ	You are welcome.
オ	Please show me another.
カ	I'll take it.

（4点×5—20点）

①	②	③	④	⑤

6 次の文を英語で書きなさい。

(1) 彼は日本で有名な歌手になりました。

(2) 彼はなんと強い男性なんでしょう。

(3) あなたはいつも手をきれいにしておかなければなりません。

(4) ケンとユキは，昨日お母さんを手伝いませんでしたね。

（6点×4—24点）

(1)	
(2)	
(3)	
(4)	

1
2
3
Step C
4
5
6
Step C
7
8
Step C
会話表現(1)
9
10
11
Step C
会話表現(2)
12
13
Step C
14
15
Step C
会話表現(3)
16
17
18
Step C
提文問題
19
20
Step C
実力テスト

14 ～er, ～est, as ～ as ...

Step A 〉 Step B 〉 Step C

解答▶別冊 32 ページ

1 次の（　）内の語を適切な形に直して＿＿に入れなさい。

(1) It's ＿＿＿＿＿＿＿＿ today than yesterday.　（cold）

(2) Which is ＿＿＿＿＿＿＿＿, gold or iron ?　（heavy）

(3) Kyoto is ＿＿＿＿＿＿＿＿ than Osaka.　（large）

(4) This boy is the ＿＿＿＿＿＿＿＿ of the five.　（big）

(5) Masaru runs the ＿＿＿＿＿＿＿＿ in his class.　（fast）

2 次の文の意味を書きなさい。

(1) Our school is as old as yours.
（　　　　　　　　　　　　　　　　　　　　　　）

(2) I am not as young as you.
（　　　　　　　　　　　　　　　　　　　　　　）

(3) That dog is smaller than this one.
（　　　　　　　　　　　　　　　　　　　　　　）

(4) Which is newer, Mari's bag or Eri's ?
（　　　　　　　　　　　　　　　　　　　　　　）

(5) Who is the busiest of the three ?
（　　　　　　　　　　　　　　　　　　　　　　）

3 次の日本文に合うように，（　）内の語句を並べかえて，全文を書きなさい。

(1) あなたは世界一幸福な女の子です。
（ in, the, you, happiest, are, girl) the world.

_____

(2) 私は母よりも早く起きました。
（ up, I, my mother, than, got, earlier).

_____

(3) 私はあなたと同じくらい忙しいです。
（ you, as, am, busy, I, as).

_____

4 次の日本文に合うように，___に適語を入れなさい。

(1) この川は日本のほかのどの川よりも長い。

This river is _____ than _____ other river in Japan.

(2) クラスのだれも彼ほど背が高くない。

_____ one in the class is as _____ as he.

(3) 彼女は全員の中でいちばん早く起きます。

She gets up the _____ _____ all.

(4) 君はマイクと同じくらい速く泳ぐことができますか。

Can you swim _____ _____ _____ Mike ?

(5) あなたの家族の中ではだれがいちばん背が高いですか。

Who is _____ _____ _____ your family ?

5 （　）内の語句を使って，英文を作りなさい。

(1) この箱はあの箱と同じくらい重い。　（heavy）

_____

(2) 富士山は日本一高い山です。　（mountain）

_____

(3) ケンとマサオでは，どちらのほうが速く走りますか。　（who）

_____

(4) 彼は3人の中でいちばん一生懸命に働きました。　（the three）

_____

(5) 私の自転車はあなたのものほど新しくありません。　（not）

_____

(6) この本は私のものより簡単です。　（mine）

_____

ここで差をつける！

最上級における in と of の使い分け

・in：場所・グループ

　in Japan, in this class, in my family など

・of：複数を表す語句（ふつう数詞や all のあとは省略されるので注意！）

　of the three (boys), of all (students), of us など

Words & Phrases

□heavy「重い」　□gold「金」　□iron「鉄」　□mountain「山」

Step A 〉 Step B 〉 Step C 〉

●時間 30分　●得点
●合格点 70点　　　点

解答▶別冊 32 ページ

1 次の文の（　）に入る最も適当なものを選び，記号で答えなさい。　　　　（4点×4—16点）

(1) Takeshi is the youngest （　　　） them.

　　ア　as　　イ　for　　ウ　in　　エ　of

(2) China is （　　　） larger than India.

　　ア　many　　イ　very　　ウ　much　　エ　so

(3) She is （　　　） as old as you.

　　ア　two　　イ　twice　　ウ　second　　エ　times

(4) No （　　　） river in the world is longer than the Nile.

　　ア　any　　イ　another　　ウ　other　　エ　many

重要 **2** 次の文の意味を書きなさい。　　　　（5点×4—20点）

(1) It's getting colder and colder outside.

　　（　　　　　　　　　　　　　　　　　　　　　　　　　　　　　　　　）

(2) He is a little shorter than his father.

　　（　　　　　　　　　　　　　　　　　　　　　　　　　　　　　　　　）

(3) Run as fast as you can.

　　（　　　　　　　　　　　　　　　　　　　　　　　　　　　　　　　　）

(4) He is one of the greatest soccer players in the world.

　　（　　　　　　　　　　　　　　　　　　　　　　　　　　　　　　　　）

3 次の各組の文がほぼ同じ内容になるように，＿＿に適語を入れなさい。　　　　（4点×5—20点）

(1) {This room is lighter than mine.
　　This room is not ＿＿＿＿＿ ＿＿＿＿＿ ＿＿＿＿＿ mine.　　　　〔立教高〕

(2) {She runs faster than any other student in her class.
　　She is the ＿＿＿＿＿ ＿＿＿＿＿ in her class.　　　　〔大妻女子大中野女子高〕

(3) {Bill was the hardest worker in the class.
　　＿＿＿＿＿ one in the class worked as ＿＿＿＿＿ as Bill.

難 (4) {My brother is seventeen years old. I am thirteen years old.
　　I am ＿＿＿＿＿ years ＿＿＿＿＿ than my brother.　　　　〔賢明女子学院高〕

難 (5) {This bridge is 100 meters long. That bridge is 300 meters long.
　　That bridge is ＿＿＿＿＿ ＿＿＿＿＿ as long as this bridge.

---

4 次の対話文が成り立つように，（ ）内の語句を並べかえて，全文を書きなさい。

(4点×2—8点)

(1) *A :* Are you younger than Ken ?
   B : No. (am, as, Ken, not, young, as, I).

_____

(2) *A :* Is your computer newer than mine ?
   B : No. (a little, is, than, mine, yours, older).

_____

5 次の文を読んで，あとの問いに主語と動詞のある英語で答えなさい。 (4点×3—12点)

　Maki likes running, so she joined a running club in her town two years ago. There are fifteen members in the club and they run every Sunday morning. She enjoys running, but she cannot run as fast as the other members. Last October, Mr. Kato, the oldest member, said to everyone, "Let's run in the ten thousand meter road race together in January." Maki didn't want to run in the race because she knew she was not a good runner. But Mr. Kato said to Maki, "Don't worry. You always practice the hardest in our club. You can do it." From the next day, Maki started running every morning.

(1) Can Maki run the fastest in the club ?

_____

(2) Who is the oldest member in the club ?

_____

(3) Does Maki always practice harder than any other member in the club ?

_____

6 次の文を英語で書きなさい。 (6点×4—24点)

(1) 横浜が日本で2番目に大きい都市ですか。

_____

(2) トムはいつもより少し早く来ました。

_____

(3) 私はトムほど速く泳ぐことはできません。

_____

(4) 今日は昨日よりずっと暖かい。 ［It で文を始める］

_____

▶ **Words & Phrases** ◀

□India「インド」　□twice「2倍」　□cold「寒い」　□light「明るい」
□than any other ～「ほかのどんな～よりも」　□bridge「橋」　□join「加わる」　□race「競走」
□knew　know「知っている」の過去形

15 more, most, better, best

Step A 〉 Step B 〉 Step C 〉

解答▶別冊 33 ページ

1 次の（　）内から適語を選び，○で囲みなさい。

(1) I can't skate as (well,　better) as my brother.

(2) He is the (better,　best) speaker of English of the three.

(3) The weather is the (most,　more) common topic among the people.

(4) She can dance the best (in,　of) all the girls in her class.

(5) I like dogs (better,　best) than cats.

(6) What sport do you like the (better,　best)?

(7) I have (many,　more) books than she does.

2 次の文の意味を書きなさい。

(1) What is the most difficult subject for Ken ?

(　　　　　　　　　　　　　　　　　　　　　　　　　　　　　　　)

(2) Which are more useful, horses or cows ?

(　　　　　　　　　　　　　　　　　　　　　　　　　　　　　　　)

(3) We have more rain this year than last year.

(　　　　　　　　　　　　　　　　　　　　　　　　　　　　　　　)

(4) Do you think that white horses are more beautiful than black ones ?

(　　　　　　　　　　　　　　　　　　　　　　　　　　　　　　　)

(5) Which do you like better, soccer or baseball ?

(　　　　　　　　　　　　　　　　　　　　　　　　　　　　　　　)

3 次の日本文に合うように，（　）内の語句を並べかえて，全文を書きなさい。

(1) これは大阪でいちばん有名な塔です。

(in,　this,　the,　Osaka,　tower,　is,　famous,　most).

_____

(2) この辞書は私のものより高価です。

(expensive,　mine,　is,　than,　this dictionary,　more).

_____

(3) 私は先月，10 冊以上本を読みました。

(than,　I,　ten,　more,　read,　books) last month.

_____

4 次の日本文に合うように，＿＿に適語を入れなさい。

(1) この本は 8 冊のうちでいちばんおもしろい。

This book is the ＿＿＿＿＿＿ ＿＿＿＿＿＿ of the eight.

(2) 彼女は私たちの町で最も美しい女性の 1 人です。

She is ＿＿＿＿＿＿ of the ＿＿＿＿＿＿ beautiful ＿＿＿＿＿＿ in our town.

(3) あなたは紅茶とコーヒーではどちらのほうが好きですか。

— 私は紅茶よりコーヒーのほうが好きです。

＿＿＿＿＿＿ do you like ＿＿＿＿＿＿, tea or coffee ?

— I like coffee ＿＿＿＿＿＿ ＿＿＿＿＿＿ tea.

(4) もっとゆっくりと歩いてください。

Please walk ＿＿＿＿＿＿ ＿＿＿＿＿＿.

(5) だれがあなたのチームでいちばん上手な選手ですか。

Who is ＿＿＿＿＿＿ ＿＿＿＿＿＿ player in your team ?

(6) 牛乳をもっとたくさんもらえますか。

Can I have ＿＿＿＿＿＿ milk ?

(7) 私は 4 つの中で水泳がいちばん好きです。

I like swimming the ＿＿＿＿＿＿ ＿＿＿＿＿＿ the four.

5 （　）内の語句を使って，英文を作りなさい。

(1) もっと気をつけなさい。　（be）

_____

(2) 私はほかのどの季節よりも春が好きです。　（any other）

_____

(3) 中国でいちばん人気のあるスポーツは何ですか。　（what）

_____

1
2
3
Step
C
4
5
6
Step
C
7
8
Step
C
会話表現
(1)
9
10
11
Step
C
会話表現
(2)
12
13
Step
C
14
15
Step
C
会話表現
(3)
16
17
18
Step
C
長文
問題
19
20
Step
C
実力
テスト

▰▰▰ ここで差をつける！ ▰▰▰

疑問詞の使い分け

・Which is bigger, Japan or Korea ? — Japan is.
　　↑ものを選ぶとき

・Who runs the fastest of the three ? — Tom does.
　　↑人を選ぶとき

What is the most important ?
不特定なものから選ぶときは
what を使う！

>>>>>>>>>>>>>>> **Words & Phrases** <<<<<<<<<<<<<<<

□skate「スケートをする」　　□speaker「話す人」　　□common「ありふれた」　　□topic「話題」
□subject「科目」　　□horse「馬」　　□cow「雌牛」　　□tower「塔」　　□famous「有名な」
□expensive「高価な」

Step A ▶ Step B ▶ Step C

●時　間 30分	●得　点
●合格点 70点	点

解答▶別冊 34 ページ

重要 **1** 次の各組の文がほぼ同じ内容になるように，____に適語を入れなさい。　　　　（5点×5—25点）

(1)
He ran faster than I while we were in junior high school.
I ran more _____ than he in our junior high school days.　　　〔駿台甲府高〕

(2)
Her question was easier than yours.
Your question was more _____ than _____.　　　〔東海高〕

(3)
Sara can speak Spanish the best of all the girls in her class.
Sara can speak Spanish _____ _____ any other girl in her class.　〔同志社女子高〕

(4)
Driving at night is more dangerous than driving in the daytime.
Driving in the daytime is not _____ dangerous _____ driving at night.
　　　〔同志社高〕

(5)
Tom doesn't have as many friends as Bill.
Bill has _____ _____ than Tom.　　　〔天理高〕

2 次の対話文が成り立つように，（　）内の語句を並べかえて，全文を書きなさい。

（5点×6—30点）

(1) A :（the five, is, of, which, popular book, most, the）?
　　B : This one is.

_____

(2) A : Does Masao speak English ?
　　B : Yes.（I, English, than, he, better, speaks）.

_____

(3) A : Is your watch cheaper than this one ?
　　B : No.（much, is, more, mine, expensive, than）this one.

_____

(4) A :（color, better, you, which, like, do）, red or blue ?
　　B : I like blue better than red.

_____

(5) A :（is, in, who, best, your class, the, singer）?
　　B : Kyoko is.

_____

(6) A : Did you have much snow this winter ?
　　B : Yes.（snow, than, we, more, usual, had）.

_____

3 次の文を指示に従って，書きかえなさい。 （5点×3—15点）

(1) He is a good player. （「世界で最高の選手のひとり」という意味の文に）

(2) Tom has three rackets. （「3本以上持っている」という意味の文に）

(3) She became famous. （「ますます有名になった」という意味の文に）

4 次の文を英語で書きなさい。 （5点×3—15点）

(1) 西洋の家は日本の家より美しく見えます。 （「西洋の」Western）

(2) 日本人にとって最も親しみのある食べ物は何ですか。 （「親しみのある」familiar）

(3) 健康ほど重要なものは何もない。 （nothing で始めて）

5 次の文を読んで，あとの問いに主語と動詞のある英語で答えなさい。 （5点×3—15点）

　　Hideki is a high school student in Osaka. He joined an international camp during the summer vacation. Eighty high school students from six different countries stayed in Nagano for five days.

　　They had a lot of activities together during their stay. The campfire was the most exciting activity for them. They enjoyed singing and dancing around the fire. Hideki couldn't speak English as well as the students from other countries, but he enjoyed talking with them in English. Hideki thought, "Trying to understand each other is the most important to become good friends." He learned a lot through the camp.

(1) Was the campfire more exciting for the students than any other activity?

(2) Could Hideki speak English better than the students from other countries?

(3) What is the most important to become good friends?

▶ **Words & Phrases** ◀

□Spanish「スペイン語」　□dangerous「危険な」　□daytime「昼間」　□cheap「安い」
□expensive「高価な」　□than usual「いつもより」　□health「健康」
□international「国際的な」

Step A 〉 Step B 〉 Step C

● 時　間 40分　● 得　点
● 合格点 70点　　　　点

解答 ▶ 別冊 35 ページ

1 次の文の（　）に入る最も適当なものを選び，記号で答えなさい。　　（ 3 点×4—12 点）

(1) This book is (　　　) difficult than that one for me.　　〔神奈川〕
　　ア　much　　イ　more　　ウ　many　　エ　most

(2) That cat is the smallest (　　　) the three.
　　ア　for　　イ　in　　ウ　of　　エ　to

(3) This library has (　　　) 10,000 books.
　　ア　as many　　イ　more than
　　ウ　many more　　エ　more of

(4) Judy is 6 years old, and Ben is 8 years old. Judy is (　　　) than Ben.
　　ア　two years younger　　イ　twice as young as
　　ウ　half as old as　　エ　two years older

(1)	
(2)	
(3)	
(4)	

2 次の各組の文がほぼ同じ内容になるように，＿＿に適語を入れなさい。　　（ 4 点×3—12 点）

(1) 〔難〕
It doesn't rain so often here as in your country.
We don't have ＿＿＿＿＿＿ much ＿＿＿＿＿＿ here
＿＿＿＿＿＿ you have in your country.　　〔土佐塾高〕

(2)
Ben is not so tall as Jim.
Ben is ＿＿＿＿＿＿ ＿＿＿＿＿＿ Jim.

(3)
No one in my class can swim as well as John.
John is the ＿＿＿＿＿＿ ＿＿＿＿＿＿ in my class.　　〔立教高〕

(1)	
(2)	
(3)	

〔重要〕 **3** 次の文を指示に従って書きかえなさい。

(1) Tokyo is a big city.　（「日本でいちばん大きい都市」という意味の文に）　〔土佐塾高〕

(2) He likes tea better than coffee.　（下線部が答えの中心になる疑問文に）　〔高知学芸高〕

(3) The students study as hard as they can.　（下線部を過去形にして）

(4) Love is the most important thing of all.　（比較級を用いて）　〔土佐塾高〕

（ 6 点×4—24 点）

(1)	
(2)	
(3)	
(4)	

4 次の文を英語で書きなさい。

(1) 彼は日本で最も有名な歌手のひとりです。

(2) このコンピュータは私のものよりずっと新しいです。

(3) 外はだんだん暗くなってきています。

(4) この橋はあの橋の3倍の長さです。

(7点×4—28点)

(1)	
(2)	
(3)	
(4)	

5 次のAとBは，雑誌の「Ms. White の相談コーナー」での質問と回答です。それらを読んで，下の(1)(2)の問いに答えなさい。

〔茨城一改〕

A

QUESTION to Ms. White:

Last week I ①(find) a little dog in the park near my house. She looked very hungry, so I gave her some milk. She likes ②(run) with me very much. To me she is the ③(cute) dog in the world and I want to take her home. I don't think that my parents will say "Yes." What should I do?

Taro

B

ANSWER：

I like dogs too, Taro, but ④ taking care of them（easy, as, is, you, not, as）think. Did you talk to your parents about the dog? You must know what they think first. Then, you should tell them your idea. If you want to have her at your house, ⑤ communication（anything, important, is, than, more）else. Good luck, Taro!

Ms. White

注 what they think 彼らが何を考えているのか

(1) Aの英文が正しくなるように，文中の①〜③の（ ）中の語を，それぞれ1語で適切な形に直しなさい。

(2) Bの英文が正しくなるように，文中の下線④⑤の（ ）内の語句を並べかえなさい。

((1)4点×3，(2)6点×2—24点)

	①	②	③
(1)			

(2)	④ taking care of them（　　　　　　　　　）think
	⑤ communication（　　　　　　　　　）else

85

会話表現（3）

●時間 30分　●得点
●合格点 70点　　　　点
解答▶別冊 36 ページ

1 それぞれの英文に最も適した答え方の英文を 1 つ選び，その記号を答えなさい。

（6 点×5—30 点）〔実践学園高〕

(1) Hello, may I speak to Mr. Rodgers ?　　　　　　　　　　　　（　　　）

　　ア　Just a moment.　　　　　イ　See you again.

　　ウ　Yes, you did.　　　　　　エ　No, I can't.

(2) What's wrong ? You don't look so well.

　　ア　I did it by myself.　　　　イ　I saw it.

　　ウ　I have a headache.　　　　エ　Yes, I can.　　　　　　　（　　　）

(3) Good afternoon, sir. Can I help you ?

　　ア　I'm just looking.　　　　　イ　It was a very good one.

　　ウ　Yes, I want to help you.　　エ　No wonder.　　　　　　（　　　）

(4) Will you go to the post office and buy some stamps for me ?

　　ア　I'm fine. Thank you.　　　イ　I'm glad to see you.

　　ウ　Sure. I'll go right now.　　エ　Please don't forget.　　（　　　）

(5) This is really great pie. Can I have another piece ?

　　ア　Next, please.　　　　　　　イ　Please help yourself.

　　ウ　See you then.　　　　　　　エ　Well, good luck.　　　　（　　　）

2 （　）に入る最も適当な文をア～エからそれぞれ選び，記号で答えなさい。

（7 点×4—28 点）〔新潟第一高一改〕

Ken: Excuse me .... I want to go to Central Park and 2nd street. Can I take any bus ?

Jim : Yes, you can take any bus except Number 9.

Ken: (1)(　　　　)

Jim : They run about every five minutes.

Ken: How long does it take to go to 2nd street ?

Jim : (2)(　　　　) It's not far. Are you a stranger in New York ?

Ken: Yes, I am. I arrived here only four days ago.

Jim : (3)(　　　　)

Ken: I like it very much. Oh, here is the bus. (4)(　　　　)

Jim : You're welcome.

> ア　About fifteen minutes.
> イ　How do you like New York ?
> ウ　Thank you very much.
> エ　How often do the buses run ?

3 次の対話の場面で，下線部が意味する内容を表している文として最も適当なものを，ア～エからそれぞれ選び，記号を書きなさい。 (6点×2—12点)〔福岡〕

(1) *A :* I like this song. Why don't you listen to it ?

B : <u>All right</u>. (   )

ア I will listen to it.

イ I am not listening to it.

ウ Because you don't listen to it.

エ Because you don't like it.

(2) *A :* I have a lot of homework to do. So I can't play soccer with you today.

B : Well, then how about next Monday ?

A : <u>That sounds good</u>. (   )

ア I will have a lot of homework next Monday.

イ I will be busy next Monday.

ウ I can hear a good sound next Monday.

エ I can play soccer with you next Monday.

4 駅前で Hiroshi がアメリカの婦人に道をたずねられています。略図を見ながら対話文の空所に最も適するものを，ア～コからそれぞれ選び，記号で答えなさい。 (6点×5—30点)〔九州工業高〕

Lady : (1)(   ), but is there a bank near here ?

Hiroshi: Yes, there is.

Lady : Please tell me the way to the bank.

Hiroshi: All right. Go straight, and you will come to the post office. Then turn (2)(   ) there. The bank is the (3)(   ) building from the corner.

Lady : I see. By the way, where is the bookstore ?

Hiroshi: It's (4)(   ) the bank.

Lady : Is it far from here ?

Hiroshi: No. You can get there in a few minutes.

Lady : Thank you very much.

Hiroshi: (5)(   ).

ア I am sorry	イ You are welcome
ウ Excuse me	エ All right
オ second	カ to the right
キ third	ク in front of
ケ next to	コ to the left

略図：新聞社｜ホテル　花屋｜本屋　警察署　公園／テレビ局｜デパート　郵便局｜銀行　消防署／●←Hiroshi is here.／駅

──────────▶ **Words & Phrases** ◀──────────

□headache「頭痛」　□post office「郵便局」　□stamp「切手」　□another piece「もう一切れ」

□except「～以外は」　□stranger「不案内な人」　□building「建物」　□corner「角」

16 受け身形

Step A 〉 **Step B** 〉 **Step C** 〉

解答▶別冊 37 ページ

1 次の動詞の過去分詞を書きなさい。

(1) use _____　(2) see _____　(3) write _____

(4) take _____　(5) speak _____　(6) make _____

(7) build _____　(8) cut _____　(9) give _____

(10) know _____　(11) buy _____　(12) put _____

2 次の文を指示に従って書きかえなさい。

(1) The city is visited by many people. （過去の文に）

(2) These songs are loved by young people. （過去の文に）

(3) This story is written in easy English. （否定文に）

(4) These problems were easily solved. （否定文に）

(5) This fish was caught by your sister. （疑問文に）

(6) Many trees are cut down by the government. （疑問文に）

3 次の文の意味を書きなさい。

(1) Ken is always helped by his brother.
( )

(2) That car was washed by my father.
( )

(3) Is French taught at this school ? — Yes, it is.
( )

(4) We were not invited to the party.
( )

4 次の日本文に合うように，＿＿に適語を入れなさい。

(1) 英語は多くの人々に話されています。

English is ＿＿＿＿＿＿ by many people.

(2) 窓は割られていました。

The window ＿＿＿＿＿＿ broken.

(3) 彼_{かれ}はみんなに好かれています。

He ＿＿＿＿＿＿ ＿＿＿＿＿＿ ＿＿＿＿＿＿ everyone.

(4) この部屋はトムによってそうじされましたか。

＿＿＿＿＿＿ this room ＿＿＿＿＿＿ by Tom ?

(5) いいえ，そうじされませんでした。 （(4)の答え）

No, ＿＿＿＿＿＿ ＿＿＿＿＿＿.

(6) その言葉は今では使われていません。

The word ＿＿＿＿＿＿ ＿＿＿＿＿＿ ＿＿＿＿＿＿ now.

5 次の日本文に合うように，（ ）内の語句を並べかえて，全文を書きなさい。

(1) あの標識は日本で見られます。

(in, is, that sign, Japan, seen).

＿＿＿＿＿＿＿＿＿＿＿＿＿＿＿＿＿＿＿＿＿＿＿＿＿＿＿＿

(2) その人形は私の祖母によって作られたものではありません。

(not, the doll, by, was, my grandmother, made).

＿＿＿＿＿＿＿＿＿＿＿＿＿＿＿＿＿＿＿＿＿＿＿＿＿＿＿＿

(3) これらの本は彼の部屋で見つけられましたか。

(his room, found, in, were, these books) ?

＿＿＿＿＿＿＿＿＿＿＿＿＿＿＿＿＿＿＿＿＿＿＿＿＿＿＿＿

1
2
3
Step
C
4
5
6
Step
C
7
8
Step
C
会話表現
(1)
9
10
11
Step
C
会話表現
(2)
12
13
Step
C
14
15
Step
C
会話表現
(3)
16
17
18
Step
C
長文
問題
19
20
Step
C
実力
テスト

━━━━━━━━━━━━━ **ここで差をつける！** ━━━━━━━━━━━━━

書きかえのときは，代名詞の格変化や連語の動詞に気を付ける

・They like him .   She spoke to me .

⇔ He is liked by them .   ⇔ I was spoken to by her .

　　↑主語が３人称単数_{しょう}   ↑前置詞の to が残る

┈┈┈┈┈┈┈┈┈┈┈┈┈┈┈┈ ▶ **Words & Phrases** ◀ ┈┈┈┈┈┈┈┈┈┈┈┈┈┈┈┈

□problem「問題」　　□easily「たやすく」　　□solve「解決する」　　□cut down「切り倒_{たお}す」

□government「政府」　　□invite「招待する」　　□party「パーティー」　　□sign「標識」

Step A 〉 Step B 〉 Step C

●時　間 30分　●得　点

●合格点 70点　　　　点

解答▶別冊 37 ページ

重要 1 次の各組の文がほぼ同じ内容になるように，____に適語を入れなさい。　　（4点×5—20点）

(1) Many Japanese people study Chinese.

Chinese _____ _____ _____ many Japanese people.

(2) They speak English and French in Canada.

English and French _____ _____ in Canada.　　〔札幌大谷高〕

(3) She cooked this curry.

This curry _____ _____ by _____.

(4) Is butter sold at that shop ?

_____ _____ _____ butter at that shop ?　　〔立教高〕

(5) Did she break these glasses yesterday ?

_____ these glasses _____ by her yesterday ?　　〔十文字高〕

2 次の文を指示に従って書きかえなさい。　　（4点×4—16点）

(1) The car hit him. （受け身形の文に）

_____

(2) Those buildings were built ten years ago. （下線部をたずねる疑問文に）

_____

(3) This bird is seen in Australia. （下線部をたずねる疑問文に）

_____

(4) This dog was named Lucky. （下線部をたずねる疑問文に）

_____

3 次の文の意味を書きなさい。　　（4点×5—20点）

(1) When was the meeting held ?

(　　　　　　　　　　　　　　　　　　　　　　　　　　　）

(2) How many trees were cut down by them ?

(　　　　　　　　　　　　　　　　　　　　　　　　　　　）

(3) Where were you born ? — I was born in London.

(　　　　　　　　　　　　　　　　　　　　　　　　　　　）

(4) Why are Japanese cars used all over the world ?

(　　　　　　　　　　　　　　　　　　　　　　　　　　　）

(5) What is this bridge made of ?

(　　　　　　　　　　　　　　　　　　　　　　　　　　　）

4 次の日本文に合うように，（　）内の語句を並べかえて，全文を書きなさい。ただし，下線の語は適切な形に直すこと。 （4点×3—12点）

(1) これらの写真は北海道で撮られました。
（ were, in, photos, take, these, Hokkaido ）.

(2) オーストラリアではどんなスポーツがプレーされていますか。
（ Australia, what, play, is, sport, in ）?

(3) この本は彼によって書かれたものではありません。
（ by, this, not, him, book, write, was ）.

5 （　）内の語を使って，次の問いに主語と動詞のある英語で答えなさい。 （4点×3—12点）

(1) Was he invited to the party last night?　（No）

(2) How many colors are used for that sign?　（two）

(3) What is that girl called by her friends?　（Mei）

6 （　）内の語を適当な形にして用い，次の文を英語で書きなさい。 （4点×5—20点）

(1) この大きな魚は私の父によって捕えられました。　（catch）

(2) ここではコーヒーが出されます。　（serve）

(3) 朝食はいつもあなたのお母さんによって料理されますか。 — はい，そうです。　（cook）

(4) この機械はいつ発明されましたか。　（invent）

(5) その山で何が発見されましたか。　（discover）

==============================▶ **Words & Phrases** ◀==============================
□sold　sell「売る」の過去分詞　　□break「壊す」　　□hit「ぶつかる」　　□name「名づける」
□be born「生まれる」　　□all over the world「世界中で」　　□call「呼ぶ」　　□catch「捕まえる」
□serve「(食べ物など)を出す」　　□invent「発明する」　　□discover「発見する」

Step A ▶ Step B ▶ Step C

●時　間　30分　●得　点
●合格点　70点　　　　　　　点

解答▶別冊38ページ

重要 **1** 次の各組の文がほぼ同じ内容になるように，＿＿に適語を入れなさい。　（4点×4―16点）

(1) {
What language do they speak in Australia ?
What language ＿＿＿＿＿＿ ＿＿＿＿＿＿ in Australia ?　〔大阪青凌高〕
}

難 (2) {
Everybody knows the famous artist.
The famous artist ＿＿＿＿＿ known ＿＿＿＿＿ everybody.　〔佼成学園女子高〕
}

難 (3) {
The news surprised her.
She ＿＿＿＿＿ surprised ＿＿＿＿＿ the news.　〔佼成学園女子高〕
}

(4) {
When did they take these pictures ?
When ＿＿＿＿＿ ＿＿＿＿＿ ＿＿＿＿＿ ＿＿＿＿＿ by them ?　〔大阪教育大附高（平野）〕
}

2 次の日本文に合うように，（　）内の語句を並べかえて，全文を書きなさい。ただし，1語不足しているので補うこと。　（4点×5―20点）

(1) 電話はベルによって発明されましたか。

（the telephone, invented, was, Bell ）?

＿＿＿＿＿＿＿＿＿＿＿＿＿＿＿＿＿＿＿＿＿＿＿＿＿＿＿＿＿

(2) この手紙はいつどこで見つけられましたか。

（this letter, where, found, when, and ）?

＿＿＿＿＿＿＿＿＿＿＿＿＿＿＿＿＿＿＿＿＿＿＿＿＿＿＿＿＿

(3) 私たちはブラウンさんに英語を教えてもらっています。

（we, Mr. Brown, English, by, are ）.

＿＿＿＿＿＿＿＿＿＿＿＿＿＿＿＿＿＿＿＿＿＿＿＿＿＿＿＿＿

(4) これらの机は木製です。

（these tables, made, are, wood ）.

＿＿＿＿＿＿＿＿＿＿＿＿＿＿＿＿＿＿＿＿＿＿＿＿＿＿＿＿＿

(5) この猫は何と呼ばれていますか。（cat, called, is, this ）?

＿＿＿＿＿＿＿＿＿＿＿＿＿＿＿＿＿＿＿＿＿＿＿＿＿＿＿＿＿

3 次の文の意味を書きなさい。　（5点×2―10点）

(1) Stars can be seen at night.

（　　　　　　　　　　　　　　　　　　　　　　　　　）

(2) Many people will be killed in the war.

（　　　　　　　　　　　　　　　　　　　　　　　　　）

要 **4** 次の文を受け身形の文にしなさい。 （4点×6―24点）

(1) Alice often uses this dictionary.

難 (2) Amy takes care of the baby.

(3) The students didn't clean the room yesterday.

(4) He wrote many stories.

難 (5) Everyone laughed at him.

(6) Do they open the store at ten ?

5 次の対話文が成り立つように，（ ）内の語句を並べかえて，全文を書きなさい。

（4点×3―12点）

(1) *A :* Excuse me. Is (this, in Japan, made, watch) ?
  B : Yes, it is. It's very popular among young people. 〔愛媛―改〕

(2) *A :* Do you know that boy ?
  B : Yes. His name is Daniel Jones.
    He (by, Dan, called, his friends, is). 〔島根〕

(3) *A :* (played, sport, is, by, what) the Seattle Mariners ?
  B : Baseball.

6 次の文を英語で書きなさい。 （6点×3―18点）

(1) この本は若者に読まれますか。― いいえ，読まれません。

(2) あれらの部屋は明日使われるでしょう。

(3) 図書館は何時に閉められましたか。

1
2
3
Step C
4
5
6
Step C
7
8
Step C
会話表現 (1)
9
10
11
Step C
会話表現 (2)
12
13
Step C
14
15
Step C
会話表現 (3)
16
17
18
Step C
長文問題
19
20
Step C
実力テスト

===== **Words & Phrases** =====

□famous「有名な」 □surprise「驚かす」 □at night「夜に」 □kill「殺す」 □war「戦争」
□take care of ～「～の世話をする」 □baby「赤ん坊」 □laugh at ～「～を笑う」

17 現在完了

Step A 〉 **Step B** 〉 **Step C**

解答▶別冊 39 ページ

1 次の（　）内から適語を選び，○で囲みなさい。

(1) My sister (have, has) been in New York for two years.

(2) (Did, Have) you ever traveled by plane ? — No, I (didn't, haven't).

(3) I have known him (since, for) last year.

(4) She has always (be, is, been, was) kind to him.

(5) Have you (eat, ate, eaten) lunch yet ?

(6) I (didn't, haven't) written a report yet.

2 （　）内の語句を加えて，次の文を現在完了の文に書きかえなさい。

(1) I saw the picture.　（three times）

_____

(2) She read the book.　（before）

_____

(3) We stayed here.　（for three years）

_____

(4) I rode a horse.　（never）

_____

(5) Did he talk to her ?　（ever）

_____

(6) The train left for Tokyo.　（just）

_____

(7) Did you finish the work ?　（yet）

_____

3 （　）内の語句を使って，次の問いに 3 語以上の英語で答えなさい。

(1) Have you ever seen that man ?　（Yes）

_____

(2) How long have you been busy ?　（for two weeks）

_____

4 次の日本文に合うように，＿＿に適語を入れなさい。

(1) 彼は今までにその歌を聞いたことがありますか。

＿＿＿＿＿＿ he ＿＿＿＿＿＿ heard the song ?

(2) いいえ，聞いたことがありません。　((1)の答え)

No, ＿＿＿＿＿＿ ＿＿＿＿＿＿.

(3) 私は1度，広島へ行ったことがあります。

I ＿＿＿＿＿＿ ＿＿＿＿＿＿ to Hiroshima ＿＿＿＿＿＿.

(4) 私は1970年から奈良に住んでいます。

I ＿＿＿＿＿＿ ＿＿＿＿＿＿ in Nara ＿＿＿＿＿＿ 1970.

(5) 彼はどのくらい英語を勉強していますか。

＿＿＿＿＿＿ long ＿＿＿＿＿＿ he studied English ?

(6) 彼は長い間，新しいコンピュータを欲しがっています。

He ＿＿＿＿＿＿ ＿＿＿＿＿＿ a new computer ＿＿＿＿＿＿ a long time.

(7) 私はすでに部屋を掃除しました。

I have ＿＿＿＿＿＿ ＿＿＿＿＿＿ the room.

5 次の文の意味を書きなさい。

(1) I have never climbed that mountain.

(　　　　　　　　　　　　　　　　　　)

(2) She has been sick in bed for a week.

(　　　　　　　　　　　　　　　　　　)

(3) Have you ever played golf ? — Yes, I have.

(　　　　　　　　　　　　　　　　　　)

(4) He hasn't met my parents yet.

(　　　　　　　　　　　　　　　　　　)

＝ここで差をつける！＝

since の使い方

・I was busy yesterday. 　　　　　（yesterday は過去を示す）

・I have been busy since yesterday. 　（since があれば過去の語句も使用できる）

・I have been busy since I came here. 　（since は接続詞としても使える）

Words & Phrases

□report「レポート」　□rode rideの過去形　□horse「馬」　□left leaveの過去形
□climb「登る」　□be sick in bed「病気で寝ている」　□parent「親(parentsで両親)」

Step A 〉 Step B 〉 Step C 〉

1 次の文の（　）に入る最も適当なものを選び，記号で答えなさい。　　　　（4点×5―20点）

(1) We （　　　　） to Hawaii last year.
　　ア　have been　　イ　visited　　ウ　have gone　　エ　went

(2) It （　　　　） since last week.
　　ア　rained a lot　　イ　has been rainy　　ウ　was raining　　エ　has a lot of rain

(3) I've been here （　　　　）.
　　ア　yesterday　　イ　for two weeks　　ウ　since ten days　　エ　three month ago

(4) Have you （　　　　） read this book ? — Yes. I've read it many times.
　　ア　ever　　イ　just　　ウ　never　　エ　yet

(5) How （　　　　） have you played the sport ? — Three or four times.
　　ア　far　　イ　long　　ウ　much　　エ　often

2 次の文を指示に従って書きかえなさい。　　　　（4点×5―20点）

(1) It's cloudy.　（文末に since last Sunday を加えて現在完了の文に）

_____

(2) She has already written the report.　（否定文に）

_____

(3) The students have already cleaned the classroom.　（疑問文に）

_____

(4) They have been married <u>for ten years</u>.　（下線部をたずねる疑問文に）

_____

(5) Tom has visited Kyoto <u>twice</u>.　（下線部をたずねる疑問文に）

_____

3 次の対話が成り立つように，＿＿に適する語を入れなさい。　　　　（4点×4―16点）

(1) *A :* Have you read that novel yet ?
　　B : ＿＿＿＿＿＿, I ＿＿＿＿＿＿. Don't tell me about the end of the story, please.

(2) *A :* Has Mike ever eaten *natto* ?
　　B : ＿＿＿＿＿, he ＿＿＿＿＿. It's his favorite food. He eats it every day.

(3) *A :* ＿＿＿＿＿＿ ＿＿＿＿＿＿ ＿＿＿＿＿＿ they lived in the next town ?
　　B : They have lived there for ten years.

(4) *A :* ＿＿＿＿＿＿ ＿＿＿＿＿＿ Judy come to our city ?
　　B : She came here two years ago.

4 次の文の意味を書きなさい。 （4点×6—24点）

(1) I have never seen such a small clock.

(　　　　　　　　　　　　　　　　　　　　　　　　　　　　　)

(2) My brother hasn't eaten anything for two days.

(　　　　　　　　　　　　　　　　　　　　　　　　　　　　　)

(3) Have you ever visited the museum ?

(　　　　　　　　　　　　　　　　　　　　　　　　　　　　　)

(4) She has been to Hokkaido many times.

(　　　　　　　　　　　　　　　　　　　　　　　　　　　　　)

(5) Has she come back to Japan yet ?

(　　　　　　　　　　　　　　　　　　　　　　　　　　　　　)

(6) He has already done his homework, but I haven't yet.

(　　　　　　　　　　　　　　　　　　　　　　　　　　　　　)

5 次の日本文に合うように，（ ）内の語句を並べかえて，全文を書きなさい。 （4点×5—20点）

(1) 彼が死んで5年になります。

(he, dead, five years, been, for, has).

_____

(2) 彼らは子どものころからの知り合いです。

(they, children, known, since, have, each, were, other, they).

_____

(3) 私は彼女を家に招待したことが一度もありません。

(I, her, never, my house, invited, have, to).

_____

(4) あなたのお兄さんはもうアメリカへ行ってしまいましたか。

(to, has, yet, your brother, America, gone)?

_____

(5) 私はまだ十分なお金をためていません。

(not, yet, I, saved, money, have, enough).

_____

1
2
3
Step
C
4
5
6
Step
C
7
8
Step
C
会話表現
(1)
9
10
11
Step
C
会話表現
(2)
12
13
Step
C
14
15
Step
C
会話表現
(3)
16
17
18
Step
C
長文
問題
19
20
Step
C
実力
テスト

==================================== **Words & Phrases** ====================================

□cloudy「曇りの」　　□be married「結婚している」　　□twice「2度」　　□novel「小説」
□such「そのような」　　□museum「博物館」　　□be dead「死んでいる」　　□each other「お互い」
□save「(お金を)ためる，節約する」

Step A ▶ Step B ▶ Step C

●時　間 30分	●得　点
●合格点 70点	点

解答▶別冊 41 ページ

1 下線部と同じ用法の現在完了を含む文をア～カから2つずつ選び，記号で答えなさい。

(4点×3―12点)

(1) She <u>has been</u> busy since last Monday.　　　　　　　　　　(　) (　)

(2) The meeting <u>has</u> already <u>started</u>.　　　　　　　　　　(　) (　)

(3) Tom <u>has visited</u> Nagoya many times.　　　　　　　　　　(　) (　)

> ア　Have you cleaned your room yet ?
> イ　How long have you lived in this city ?
> ウ　Mr. Brown has been to China before.
> エ　My sister has wanted this bag for a long time.
> オ　Kenta has just eaten lunch.
> カ　I've never talked with him.

2 次の各組の文がほぼ同じ意味になるように，＿＿に適語を入れなさい。　(5点×4―20点)

(1) { I have never visited this city before.
　　 This is ＿＿＿＿＿＿ ＿＿＿＿＿＿ visit to this city.　　　　　　〔土佐塾高〕

(2) { I have been surrounded by a lot of policemen for ten minutes.
　　 Ten minutes ＿＿＿＿＿＿ ＿＿＿＿＿＿ since I was surrounded by a lot of policemen.

〔調布高〕

(3) { Ten years have passed since we last saw him.
　　 We ＿＿＿＿＿＿ ＿＿＿＿＿＿ him for ten years.　　　　　　〔青山学院高〕

(4) { He came to Sapporo last summer. He is still in Sapporo.
　　 He ＿＿＿＿＿＿ been in Sapporo ＿＿＿＿＿＿ last summer.　　　〔札幌大谷高〕

3 次の日本文に合うように，（　）内の語句を並べかえて，全文を書きなさい。ただし，1語不足しているので補うこと。

(5点×4―20点)

(1) マリは今までにパンダを見たことがありますか。　(Mari, pandas, ever, has)?

_____

(2) あなたは何回，ゴルフをしたことがありますか。　(how, played, you, have, golf)?

_____

(3) 電車はもう駅についています。　(arrived, has, the train, at the station).

_____

(4) 私は10歳からここに住んでいます。
　　 I (lived, was, ten years, have, here, I) old.

_____

4 次は中学生のマリとブラウン先生の対話です。これを読んで下の問いに答えなさい。

Mari : Ms. Brown, you came to Japan three years ago and your family members live in London. You miss them, don't you?

Ms. Brown: Yes, I miss them very much. But I talked with them on the Internet last night.

Mari : Did you talk on the Internet? I use the Internet every day, but I've never talked on it.

Ms. Brown: When I talk with them on the Internet, I can see their faces.

Mari : I see. My brother has studied in Paris for six months. I'll try to talk with him on the Internet.

Ms. Brown: That's a nice idea.

(1) When did Ms. Brown came to Japan?

_____

(2) Has Mari ever talked on the Internet?

_____

(3) How long has Mari's brother been in Paris?

_____

5 次の文を英語で書きなさい。　（6点×5—30点）

(1) この10日間ずっと晴れです。

_____

(2) 彼はこの物語をもう読みましたか。— はい，読みました。

_____

(3) 私はそんなに美しい絵を一度も見たことがありません。

_____

(4) あなたはどのくらい彼女を待っていますか。

_____

(5) 彼はまだ走り始めていません。

_____

▶ **Words & Phrases** ◀
□be surrounded「囲まれている」　□pass「過ぎる」　□miss「（人がいなくて）さびしい」
□the Internet「インターネット」

18 疑 問 詞

Step A ＞ Step B ＞ Step C

解答▶別冊 42 ページ

1 次の対話が成り立つように，＿＿に適する語を入れなさい。

(1)　*A :* ＿＿＿＿＿＿ is your birthday ?

　　B : It's April 14.

(2)　*A :* ＿＿＿＿＿＿ do you have in your hand ?

　　B : I have a ball in my hand.

(3)　*A :* ＿＿＿＿＿＿ was she late ?

　　B : Because she missed the train.

(4)　*A :* ＿＿＿＿＿＿ is that woman ?

　　B : She's my aunt.

(5)　*A :* ＿＿＿＿＿＿ is this bag ?

　　B : It's mine.

(6)　*A :* ＿＿＿＿＿＿ do you like better, baseball or soccer ?

　　B : I like soccer better.

(7)　*A :* ＿＿＿＿＿＿ ＿＿＿＿＿＿ is your brother ?

　　B : He's sixteen years old.

(8)　*A :* ＿＿＿＿＿＿ ＿＿＿＿＿＿ is this cap ?

　　B : It's 20 dollars.

(9)　*A :* ＿＿＿＿＿＿ ＿＿＿＿＿＿ is it now ?

　　B : It's five thirty by my watch.

2 下線部が答えの中心になる疑問文を作りなさい。

(1)　He will be free in the afternoon.

_____

(2)　They can be seen in the sky.

_____

(3)　She likes red.

_____

(4)　She went to school by bus.

_____

3 次の文の意味を書きなさい。

(1) When and where was he born ?
(　　　　　　　　　　　　　　　　　　　　　　　　　　　　)

(2) Why do koalas sleep during the day ?
(　　　　　　　　　　　　　　　　　　　　　　　　　　　　)

(3) What kind of books do you read ?
(　　　　　　　　　　　　　　　　　　　　　　　　　　　　)

(4) How about having dinner at the restaurant ?
(　　　　　　　　　　　　　　　　　　　　　　　　　　　　)

(5) What is the name of this flower ?
(　　　　　　　　　　　　　　　　　　　　　　　　　　　　)

(6) How many days are there in April ?
(　　　　　　　　　　　　　　　　　　　　　　　　　　　　)

4 ( )内の語句を使って，次の問いに主語と動詞のある英語で答えなさい。

(1) How long did he stay in Canada ? （two weeks）
_____

(2) What time does the bank open ? （ten）
_____

(3) Where is she waiting ? （the station）
_____

(4) How does your sister go there ? （foot）
_____

(5) When does Japanese school start ? （April）
_____

┫ここで差をつける！┣

〈疑問詞＋名詞〉の疑問文：what，which，whose は形容詞としても使える。

・What subject did you study ? ― I studied science.
・Which season do you like ? ― I like winter.
・Whose bag is that ? ― It's mine.

▶ Words & Phrases ◀

□sky「空」 □be born「生まれる」 □bank「銀行」 □foot「足」

Step A ▷ Step B ▷ Step C

解答▶別冊 42 ページ

1 次のメモを見て，(1)～(5)の問いに主語と動詞のある英語で答えなさい。　　　（3点×5―15点）

名前：マイク
年齢：15歳
出身：カナダ
家族：父，母，兄
ペット：犬2匹，猫1匹
得意な教科：理科
好きなこと：
　　　バスケットボール
将来の夢：医者になる

(1)　How old is Mike ?

_____

(2)　Where is he from ?

_____

(3)　How many pets does he have ?

_____

(4)　What sport does Mike like ?

_____

(5)　What is Mike's dream ?

_____

_____

2 各組の対話が成り立つように，＿＿に適語を入れなさい。　　　（3点×5―15点）〔東京学芸大附高〕

(1) ┌ "How _____ did you pay for the pen ?"
　　└ "My uncle gave it to me for my birthday."

(2) ┌ "How _____ will your father come back ?"
　　└ "He'll be back in a few days."

(3) ┌ "How _____ does the American teacher come to teach you ?"
　　└ "He comes twice a week and teaches six classes."

(4) ┌ "How _____ is your sister ?"
　　└ "Five feet six inches."

(5) ┌ "How _____ is it from your house to the nearest station ?"
　　└ "Just a mile."

重要 3 (1)～(5)の各問いに適切な答えをア～カから選び，記号で答えなさい。ただし，同じ記号を2度使わないこと。　　　（4点×5―20点）〔土佐塾高〕

(1)　How long did you read comic books yesterday ?　　　　　　（　　　）
(2)　When will you finish your report ?　　　　　　（　　　）
(3)　What day of the month is it ?　　　　　　（　　　）
(4)　How long have you been here ?　　　　　　（　　　）
(5)　What time is it by your watch ?　　　　　　（　　　）

ア　Seventh.	イ　In seven hours.
ウ　Seven o'clock.	エ　Till seven o'clock.
オ　By seven hours.	カ　Since seven.

4 次の各組の文がほぼ同じ内容になるように，＿＿に適語を入れなさい。 （4点×4—16点）

(1) How long is that bridge ?
＿＿＿＿＿＿ is the ＿＿＿＿＿＿ of that bridge ? 〔日本大鶴ケ丘高〕

(2) Shall we go to the movies ?
＿＿＿＿＿＿ ＿＿＿＿＿＿ going to the movies ?

(3) How much is this old stamp ?
＿＿＿＿＿＿ is the ＿＿＿＿＿＿ of this old stamp ? 〔青山学院高〕

(4) Why is he doing that ?
＿＿＿＿＿＿ is he doing that ＿＿＿＿＿＿ ? 〔同志社高〕

5 次の対話が成り立つように，（ ）内の語句を並べかえて，全文を書きなさい。 （4点×4—16点）

(1) A : (weather, be, how, the, will, tomorrow) ?
B : It'll be rainy tomorrow.

(2) A : (this, care, who, takes, dog, of) ?
B : My sister does.

(3) A : (the, season, you, do, best, which, like) ?
B : I like summer the best.

(4) A : (come, why, you, with, don't, us) ?
B : Thanks, I will.

6 次の文を英語で書きなさい。 （6点×3—18点）

(1) 放課後彼らに何が起こったのですか。

(2) あの髪の長い少女はだれですか。

(3) あなたはなぜ学校を欠席したのですか。

▶ **Words & Phrases** ◀

□pay「払う」 □bridge「橋」 □stamp「切手」 □take care of ～「～の世話をする」

Step A 〉 Step B 〉 Step C

●時 間	40分	●得 点	
●合格点	70点		点

解答▶別冊 43 ページ

1 次の会話で，（　）内から適語を選び，記号で答えなさい。　〔徳島〕　（4点×3—12点）

(1) *Paul:*（ ア Will　イ Are　ウ Did　エ Have) you written to Mr. Hill yet ?

   Taro: Yes, I wrote to him yesterday.

(2) *Paul:*（ ア How　イ Why　ウ What　エ When) do you have to go home so soon ?

   Taro: To finish my homework before dinner.

(3) *Paul:* How long have you been in the tennis club ?

   Taro:（ ア In the third year.　イ Three years ago.

   ウ About three years.　エ Three times. ）

(1)	
(2)	
(3)	

2 次の日本文に合うように，____に適語を入れなさい。

(1) 彼（かれ）はまだその手紙を受け取っていません。　〔駒込高〕

   He _____ received the letter _____.

(2) バターは何からできていますか。

   What is butter _____ _____ ?

(3) 私たちは昨年，彼から数学を教わりました。

   We _____ _____ math by him last year.

(4) 私が最後にトムに会ってから 5 年が経ちました。

   Five years _____ _____ since I last saw Tom.

（4点×4—16点）

(1)	
(2)	
(3)	
(4)	

3 日本文に合うように，（　）内の語句を並べかえて，全文を書きなさい。

(1) お茶を 1 杯（ばい）いかがですか。　(a, tea, about, of, how, cup)?

(2) 彼は何の教科に興味をもっていますか。　(he, in, is, what, interested, subject)?

(3) 私はそんな奇妙（きみょう）な話を聞いたことがありません。

   (never, of, a, story, I, heard, strange, such, have).

(4) あなたは海外に何回行ったことがありますか。

   (have, many, been, how, times, abroad, you)?

（5点×4—20点）

(1)	
(2)	
(3)	
(4)	

4 次の各組の文がほぼ同じ内容になるように，＿＿に適語を入れなさい。 （5点×3—15点）

(1)
- It is eight years since we last went to Britain. 〔慶應義塾高—改〕
- We ＿＿＿＿＿＿ ＿＿＿＿＿＿ to Britain for eight years.

(2)
- He lost his watch. He can't find it anywhere. 〔郁分館高〕
- He ＿＿＿＿＿＿ ＿＿＿＿＿＿ his watch.

(3)
- What did the boys find in the hole ? 〔駒込高〕
- What ＿＿＿＿＿＿ ＿＿＿＿＿＿ in the hole by the boys ?

(1)	
(2)	
(3)	

5 次の会話が完成するように，①〜⑤の空所に適する文をア〜クから選びなさい。 〔淑徳学園高〕

（5点×5—25点）

Miyuki: I went shopping today.

Naoko : （ ① ）

Miyuki: Not much. I just bought some clothes — a few shirts and some handkerchiefs.

Naoko : （ ② ）

Miyuki: To the department store.

Naoko : I like to shop at the department store, too.

Miyuki: （ ③ ）

Naoko : I played tennis in the morning. In the afternoon I went to the movies.

Miyuki: （ ④ ）

Naoko : I went to my company's courts.

Miyuki: （ ⑤ ）

Naoko : It just takes an hour. I went by bus. I came back about two o'clock and went to the movies.

①	
②	
③	
④	
⑤	

ア	What did you buy ?	イ	Where did you play tennis ?
ウ	Where did you go ?	エ	How long does it take to get there ?
オ	Why did you go there ?	カ	When did you play tennis ?
キ	How did you go there ?	ク	What did you do today ?

6 次の文を英語で書きなさい。

(1) 彼女はこの前の木曜日からずっと病気です。 〔法政大第二高〕

(2) ここでは昨年の冬，どのくらいの雪が降りましたか。

（6点×2—12点）

(1)	
(2)	

1 2 3 Step C 4 5 6 Step C 7 8 Step C 会話表現 (1) 9 10 11 Step C 会話表現 (2) 12 13 Step C 14 15 Step C 会話表現 (3) 16 17 18 Step C 長文問題 19 20 Step C 実力テスト

長文問題

●時 間 30分	●得 点
●合格点 70点	点

解答▶別冊44ページ

1 クモ(spider)についての次の英文を読んで，あとの問いに答えなさい。　〔栃木—改〕

Do you like spiders ? Most of you will answer, "No." You may be scared when a spider appears suddenly. You may think spiders are dangerous and want to get away from them. But wait a minute ! Spiders are 〔　　　〕creatures.

You know spiders make webs. The webs are made of spider silk and can catch many things. Have you ever seen water drops on webs ? Yes, spider silk can catch water in the air. Scientists have studied the great power of spider silk. They thought it would be <u>a solution</u> to water problems. In some parts of the world, people don't get enough water. If they make something like spider silk, it will help people in such places.

Spider silk is very thin, so we think it is weak. 　**ア**　 However, it is so strong, light and elastic that we want to use it for clothes. But collecting a lot of spider silk is difficult. 　**イ**　 So, scientists have found ways to make artificial spider silk.

　ウ　 The clothes have become stronger and lighter. 　**エ**　 In addition, the artificial spider silk is good for the earth and our future. We must use oil to make other artificial fibers, but we don't have to depend on oil to make artificial spider silk. If we use it, we can save oil. Like this, from spiders, we can learn some ways to live in the future.

You have found that spiders have 〔　　　〕powers. Now, can I ask the same question again ? Do you like spiders ?

注　creature　生き物　　web　クモの巣　　spider silk　クモの糸　　water drop　水滴
　　thin　細い　　elastic　伸縮性がある　　artificial　人工の　　fiber　繊維

(1)　本文中の〔　　　〕に共通して入る語を選びなさい。　　　　　　　　　　　　　　　(5点)

　　ア joyful　　**イ** amazing　　**ウ** careful　　**エ** boring

(2)　下線部の，科学者たちが考えた解決策とはどのようなことか。次の内の①，②に適切な日本
　　語を書きなさい。　　　　　　　　　　　　　　　　　　　　　　　　　　(10点×2—20点)

（　　①　　）ことのできるクモの糸が持つ力を使って，（　　②　　）人々を助けること。

①

②

(3)　本文中の　**ア**　から　**エ**　のいずれかに次の1文が入る。最も適
　　切な位置はどれか。　　　　　　　　　　　　　　　　　　　　　　　(10点)

By using this, some companies are making wonderful clothes.

(4)　本文の内容と一致するものはどれか。

　　ア　We think spiders always appear in dangerous places.

　　イ　Spider silk can get water and make oil from the earth.

　　ウ　We should buy the clothes made by spiders to save the earth.　　(15点)

　　エ　Spiders may give us several ideas to live in the future.

2 次の英文を読んで，あとの問いに答えなさい。

Saori has two brothers. They go to kindergarten. She always takes care of them to help her mother. She likes playing with them. So, last fall, when Saori had a work experience, she decided to work at a kindergarten.

When the work experience started, Mr. Suzuki, a kindergarten teacher, said, "Teachers in this kindergarten clean all the rooms every morning before the children come." Saori was surprised because she didn't know ①this, but she started cleaning with the other teachers.

All the jobs were fun on the first day. Saori was tired on the second day, but she worked hard. On the third morning, she became very tired and wanted to stop cleaning. Then she saw Mr. Suzuki. He was cleaning the playground. He looked happy. She went there and said, "Do you like cleaning, Mr. Suzuki ?" He said, "Well, it is hard but I always do it for the children. This is ②significant work. When we clean the rooms and the playground, we also check their safety for the children. I sometimes feel tired, but I try to think about the children. Then I can work harder. When I see their smiles, I feel happy."

After Saori went home that evening, she talked with her mother about her experience. Her mother said, "You've learned an important thing. In my case, I became a chef because I liked cooking, but I'm really glad when people enjoy the food and look happy in my restaurant." Saori listened to her mother and said, "Before the work experience, I thought people worked for their own happiness. It is an important thing. Today, I learned another important thing about working. We also work for the happiness of others and it brings happiness to us."

On the last day of the work experience, Saori was cleaning in the morning with other teachers again. Mr. Suzuki saw her and said, "Saori, you look happier than before." Saori said, "Yes. I'm happy to work for the children !"

注　kindergarten　幼稚園　　work experience　職場体験学習　　playground　運動場
　　check ～　～を点検する　　safety　安全性　　smile　笑顔　　case　場合
　　happiness　幸せ　　bring ～　～をもたらす

(1)　次の質問の答えを，①は6語以上，②は3語以上の英語で書きなさい。

　①　What does Saori always do to help her mother ?

　②　How did Saori look when she was cleaning on the last day ?

(15点×2—30点)

| ① |
| ② |

(2)　下線部①の具体的な内容を英文中からさがし，日本語で書きなさい。

(10点)

(3)　下線部②を別の語句で表現する場合，最も適当なものを，ア～エから一つ選び，記号を書きなさい。

　ア　small but popular　　　イ　important and special
　ウ　easy and interesting　　エ　amazing but different

(10点)

19 重要イディオム・表現

Step A 〉 Step B 〉 Step C

解答▶別冊 45 ページ

1 次の文の意味を書きなさい。

(1) Did you have a good time in Okinawa ?

(　　　　　　　　　　　　　　　　　　　　　　　　　　　　　　　　　　)

(2) Don't give up your dream.

(　　　　　　　　　　　　　　　　　　　　　　　　　　　　　　　　　　)

(3) He looks like his mother very much.

(　　　　　　　　　　　　　　　　　　　　　　　　　　　　　　　　　　)

(4) By the way, how are your parents ?

(　　　　　　　　　　　　　　　　　　　　　　　　　　　　　　　　　　)

(5) They came into the room at the same time.

(　　　　　　　　　　　　　　　　　　　　　　　　　　　　　　　　　　)

(6) I saw Tom on my way home.

(　　　　　　　　　　　　　　　　　　　　　　　　　　　　　　　　　　)

(7) He is very proud of his son.

(　　　　　　　　　　　　　　　　　　　　　　　　　　　　　　　　　　)

(8) I'm interested in your story.

(　　　　　　　　　　　　　　　　　　　　　　　　　　　　　　　　　　)

2 次の日本文に合うように，＿＿に適語を入れなさい。

(1) 私はいつも新宿駅で電車を降ります。

I always ＿＿＿＿＿＿ ＿＿＿＿＿＿ the train at Shinjuku Station.

(2) この村は美しい湖で有名です。

This village is ＿＿＿＿＿＿ ＿＿＿＿＿＿ its beautiful lake.

(3) 私の父は当時，中国にいました。

My father was in China in ＿＿＿＿＿＿ ＿＿＿＿＿＿.

(4) 私は初めてダイビングを楽しみました。

I enjoyed diving ＿＿＿＿＿＿ the first ＿＿＿＿＿＿.

(5) その映画は全くおもしろくありませんでした。

The movie was not interesting ＿＿＿＿＿＿ ＿＿＿＿＿＿.

3 次の日本文に合うように，（ ）内の語句を並べかえて，全文を書きなさい。

(1) コンピュータはますます重要になっています。
（ have, important, and, computers, more, more, become ）.

_____

(2) 私の友だちの何人かはオーストラリアへ行ったことがあります。
（ my, some, friends, have, Australia, to, been, of ）.

_____

(3) 彼らは次々と出かけました。
（ they, one, went, another, out, after ）.

_____

(4) この時計はどこか故障しています。
（ this watch, something, with, there, is, wrong ）.

_____

(5) 彼女はあの家にひとりで住んでいます。
（ herself, she, that house, in, by, lives ）.

_____

_____

4 （ ）内の語を使って，英文を作りなさい。

(1) 彼はギターを弾くのが大好きです。（fond）

_____

(2) 私がこの犬の世話をするつもりです。（take）

_____

(3) バスは時間通りに駅に着きませんでした。（arrive, time）

_____

▰ここで差をつける！▰

look の使い方

・「〜を見る」：I'm looking at the picture.

・「〜に見える」：look ＋形容詞，look like ＋名詞
He looks tired. / He looks like his father.

・その他：look after 〜「〜の世話をする」，look for 〜「〜を探す」，look forward to 〜「〜を楽しみにしている，〜を期待する」など

▸ Words & Phrases ◂

□give up「あきらめる」　□by the way「ところで」　□at the same time「同時に」
□one after another「次々と」　□wrong with 〜「〜が故障した」

Step A　Step B　Step C

●時　間 30分　●得　点
●合格点 70点　　　　　点

解答▶別冊 46 ページ

1 下線部の意味を最もよく表すものをア～エから選び，記号で答えなさい。

（4点×5—20点）〔青山学院高〕

(1) It was about ten o'clock at night. They were tired, but they went on working.
〔ア　started　　イ　enjoyed　　ウ　continued　　エ　tried〕　　　　　（　　　）

(2) The ship got to the port after traveling across the sea for many days.
〔ア　found　　イ　caught　　ウ　attacked　　エ　reached〕　　　　　（　　　）

(3) From time to time they went to the library together to study.
〔ア　Sometimes　　イ　Later　　ウ　Finally　　エ　Always〕　　　　　（　　　）

(4) Taro lived alone. One day he made stew, but it was too much. So Taro ate nothing but stew for three days.
〔ア　no　　イ　a lot of　　ウ　only　　エ　terrible〕　　　　　（　　　）

(5) Good-bye. I'll see you before long.
〔ア　tonight　　イ　again　　ウ　then　　エ　soon〕　　　　　（　　　）

2 次の各組の___に入る共通の1語を書きなさい。　　　　　（4点×5—20点）〔郁文館高〕

(1) It will take _____ least 3 days.
We called _____ his house yesterday.　　　　　_____

(2) I like some sports; tennis _____ example.
We have been waiting _____ Bill for about an hour.　　　　　_____

(3) He is _____ young to understand it.
"I like his paintings." "Me, _____."　　　　　_____

(4) He caught a bad _____, so he was absent from school.
We had snow last night. So maybe it is so _____ outside today.　　　　　_____

(5) What _____ is it now ?
He is in _____ for the meeting.　　　　　_____

3 次の各組の文がほぼ同じ内容になるように，___に適語を入れなさい。

（5点×3—15点）〔実践学園高〕

(1) He had a good time at the party.
He enjoyed _____ at the party.

(2) What is the name of that mountain ?
What do you _____ that mountain ?

(3) These books belong to us.
These books are _____.

4 次の日本文に合うように，＿＿に適語を入れなさい。　（5点×3—15点）〔高知学芸高〕

(1)　2，3分でそこに着くでしょう。
　　I'll get there in a ＿＿＿＿＿ minutes.
(2)　水が1杯欲しい。
　　I want a ＿＿＿＿＿ of water.
(3)　紙を何枚かください。
　　Please give me some ＿＿＿＿＿ of paper.

5 次の対話文の（　）の中に最も適当な語をそれぞれ入れなさい。なお，その語は（　）の中に書いてある文字で始まります。与えられた文字も含めて正しくつづりなさい。
　（4点×5—20点）〔国立工業高専一改〕

(1)　A : Shall we go out together for dinner ?
　　B : OK. Let's go to the Chinese (r＿＿＿＿＿) over there.　＿＿＿＿＿
(2)　A : There are many baseball and soccer fans in Japan.
　　B : Yes. These sports are both very (p＿＿＿＿＿) among
　　　 Japanese people.　＿＿＿＿＿
(3)　A : Have you ever (h＿＿＿＿＿) of solar energy ?
　　B : Yes. I know that. It's energy from the sun.　＿＿＿＿＿
(4)　A : Don't speak so loud here ! We should be (q＿＿＿＿＿)
　　　 in a hospital.
　　B : Oh, I'm very sorry.　＿＿＿＿＿
(5)　A : Emi, can I come over and see you tomorrow ?
　　B : All right, but I'll be busy in the morning.
　　　 How about three o'clock in the (a＿＿＿＿＿) ?　＿＿＿＿＿

6 次の日本文の意味になるように，与えられた語句を並べかえて英文を作るとき1語不足します。その語を答えなさい。　（5点×2—10点）〔開成高〕

(1)　月に1度は必ず母に手紙を書きます。
　　(a month, mother, I, my, once, to, never, to write).

(2)　私は2日おきに図書館へ行く。
　　(library, day, go, I, the, third, to).

▶ **Words & Phrases** ◀
□go on ～「～し続ける」　□port「港」　□alone「ひとりで」　□before long「まもなく」
□belong to ～「～のものである」　□loud「大声で」　□come over「訪ねる」　□once「1度」

111

20 発音・アクセント

Step **A** 〉 Step **B** 〉 Step **C** 〉

解答▶別冊 46 ページ

1 次のうち第 2 音節を一番強く読む語を 3 つ選んで，記号を○で囲みなさい。〔慶応義塾志木高一改〕

ア　al-read-y　　　　イ　cal-en-dar　　　ウ　dif-fi-cult

エ　eve-ry-thing　　オ　Feb-ru-ar-y　　　カ　win-ter

キ　to-geth-er　　　ク　to-mor-row

2 次の各組で最も強く読む部分の位置がほかと異なるものを選び，記号を○で囲みなさい。

(1)　ア　be-fore　　　　イ　class-room　　ウ　pock-et　　　　エ　vil-lage　　　　〔徳島〕

(2)　ア　an-oth-er　　　イ　cer-tain-ly　　ウ　i-de-a　　　　エ　to-mor-row

(3)　ア　dic-tion-ar-y　　イ　el-e-va-tor　　ウ　ex-pe-ri-ence　　エ　in-ter-est-ing

3 次の英文を読むとき，それぞれ 1 か所区切るとすれば，どこで区切るのが最も適切ですか。
ア〜エの中から選び，その記号を○で囲みなさい。

(1)　I cannot　go out now　because I　have to finish　my homework.　　　　〔広島〕
　　　　　　　ア　　　　　イ　　　ウ　　　　　　エ

(2)　Tom　usually　reads a book　in his room　after taking a bath.
　　　　ア　　イ　　　　　　ウ　　　　　エ

(3)　Visiting　other countries　is　a lot of fun　for me.
　　　　　ア　　　　　　イ　ウ　　　　エ

4 次の対話文を読んで，それぞれの下線部ア〜エの語のうち，最も強く発音する語を 1 つ選び，
その記号を○で囲みなさい。　　　　　　　　　　　　　　　　　　　　　　　　〔広島〕

(1)　*Judy*　: What are you looking for, Masao ?

　　Masao: Well, I'm looking for my cap .
　　　　　　ア　　　　　イ　　　ウ　　　エ

(2)　*Judy*　: How long have you lived in this town ?

　　Masao: I have lived here for two years .
　　　　　　　ア　　　イ　　　ウ　エ

(3)　*Judy*　: Which bag is Jiro's, Masao ?

　　Masao: I think that one is his .
　　　　　　ア　　イ　　ウ　　エ

5 下線部の音と同じ音を持つ語をア～エから選び，記号で答えなさい。　〔甲陽学院高〕

(1) He had a deep wound in his right hand.
　　ア found　　イ soup　　ウ thought　　エ thousand　（　）
(2) His house is close to the park.
　　ア advise　　イ because　　ウ increase　　エ lose　（　）
(3) The boy made a polite bow to his teacher.
　　ア allow　　イ below　　ウ crow　　エ know　（　）
(4) The girl was listening to the news with tears in her eyes.
　　ア bear　　イ fear　　ウ heard　　エ wear　（　）

6 次の各組の下線部の発音が同じなら○，異なるなら×をつけなさい。　〔関西大第一高〕

(1) { abroad / boat } （　）　　(2) { allow / around } （　）
(3) { large / artist } （　）　　(4) { measure / pleasant } （　）
(5) { children / business } （　）　　(6) { publish / dollar } （　）

7 次の各組の単語のうち，下線部の発音がほかの3つと異なるものをそれぞれ1つずつ選び，記号で答えなさい。

(1) ア cold　イ oven　ウ only　エ most　（　）〔巣鴨高〕
(2) ア changed　イ noticed　ウ popped　エ cooked　（　）〔巣鴨高〕
(3) ア city　イ exciting　ウ sit　エ visit　（　）〔長崎〕
(4) ア famous　イ station　ウ same　エ many　（　）〔長崎〕

ここで差をつける！

文の区切り：以下の①～③は大きな意味のまとまりになるので区切るときの目安になる

①長い主語：The girl with long hair / is my sister Yumi.
②接続詞の前：Please come to us / if you are free.
③副詞的用法の不定詞：I study hard / to pass the exam.

Words & Phrases

□experience「経験」　□take a bath「風呂に入る」　□look for ～「～を探す」　□deep「深い」
□polite「ていねいな」　□bow「おじぎ」　□tear「涙」　□publish「出版する」

Step A ＞ Step B ＞ Step C

●時　間 30分	●得　点
●合格点 70点	点

解答▶別冊 46 ページ

1 次の文を 1 か所区切って読むとすればどこが適当か，記号で答えなさい。　（ 3 点×4―12 点）

(1) She went to Okayama to see her aunt.　（　　　）
　　　　　　ア　　　　　　イ　ウ　エ

(2) I think that he is right.　（　　　）
　　　ア　イ　ウ エ

(3) They were watching TV when I saw them.　（　　　）
　　　　ア　　　　イ　　　ウ　　エ　　オ

(4) The boys over there are my cousins.　（　　　）
　　　　ア　イ　　ウ　エ

2 次の対話文の答えの中で最も強く発音する語を選び，記号で答えなさい。　（ 3 点×4―12 点）

(1) A : Where do you live ?

B : I live in Kyoto.　（　　　）
　　ア イ ウ　エ

(2) A : Will your brother spend the money to buy a DVD ?

B : No. He says that he'll use it to buy a watch.　（　　　）
　　　　　　　 ア　　イ　ウ　　　　エ　　　 オ

(3) A : Can Tom really do it ?

B : Everybody says he can't do it, but he can do it.　（　　　）　〔大阪教育大附高（平野）〕
　　　　　　　　　　　　　　　　　　ア　イ　ウ エ オ

(4) A : Is Taro's uncle coming by ship or by plane ?

B : He's coming by plane.　（　　　）　〔沖縄〕
　　ア　　イ　　ウ　エ

3 次の単語のうちで，第 2 音節を最も強く発音する語を 5 つ選び，番号で答えなさい。ただし，番号が小さい順に答えること。
　　　　　　　　　　　　　　　　　　　　　　　　　　　　　　（ 3 点×5―15 点）

(1) e-nough　　　(2) No-vem-ber　　(3) sea-son　　(4) vol-un-teer

(5) de-li-cious　　(6) ac-ci-dent　　(7) Jap-a-nese　　(8) re-mem-ber

(9) ham-burg-er　(10) in-de-pend-ent　(11) of-fi-cial　　(12) in-tro-duc-tion

　　　　　　　　　　　　（　　　）（　　　）（　　　）（　　　）（　　　）

4 次の語の最も強く発音する部分の記号を○で囲みなさい。　（ 2 点×8―16 点）〔大阪教育大附高（天王寺）〕

(1) class-room　　(2) in-vite　　(3) li-brar-y　　(4) Jan-u-ar-y
　　ア　　イ　　　　　ア　イ　　　ア　イ　ウ　　　ア　イ ウ エ

(5) un-der-stand　(6) vil-lage　　(7) in-ter-est-ing　(8) im-por-tant
　　ア　イ　　ウ　　　ア　イ　　　ア　イ ウ エ　　　ア　イ　ウ

5 3つの単語の下線部の発音が全て同じものを3組選び，その記号を答えなさい。

（5点×3—15点）〔実践学園高〕

ア dear / near / ear
イ uncle / full / pull
ウ chorus / Chinese / each
エ still / pretty / busy
オ always / store / call

カ there / bath / nothing
キ seat / second / Thursday
ク because / caught / August
ケ cow / road / those
コ poor / nurse / sure

(   ) (   ) (   )

6 下線の語の発音が（　）内の語の発音と異なる文を選び，番号に○をつけなさい。

（10点）〔立教高一改〕

(1) They called the baby Betty. （cold）
(2) This road goes to the station. （rode）
(3) The wind blew the umbrella out of my hand. （blue）
(4) We won the baseball game by a score of 6 to 4. （one）
(5) Won't you have some coffee? （want）
(6) He read this book through three times. （red）
(7) Everybody knows they love each other. （nose）
(8) He threw a ball very quickly. （through）

7 次の各組の単語について，下線部の発音が全て同じ場合には○を，全て異なる場合には×を，1つだけ異なる場合にはその単語の記号をそれぞれ記入しなさい。

（4点×5—20点）〔久留米大附高〕

(1) ア southern / イ comfortable / ウ front　(   )
(2) ア disease / イ loose / ウ pleasure　(   )
(3) ア chemistry / イ arch / ウ approach　(   )
(4) ア creature / イ spread / ウ breathe　(   )
(5) ア disappear / イ career / ウ severe　(   )

Words & Phrases

□accident「事故」　□introduction「紹介」　□southern「南の」　□disease「病気」
□creature「生き物」　□disappear「姿を消す」

Step A 〉 Step B 〉 Step C

●時　間 40分	●得　点
●合格点 70点	点

解答 ▶ 別冊 47 ページ

1 次の各組のうち 2 語とも第 2 音節にアクセントのある組を 2 つ選び，番号で答えなさい。

（4 点×2—8 点）

ア { break-fast / note-book }　　イ { Af-ri-ca / re-mem-ber }　　ウ { im-por-tant / eve-ry-thing }

エ { a-gain / be-cause }　　オ { Oc-to-ber / De-cem-ber }　　カ { Sat-ur-day / mu-se-um }

2 次の各組には下線部の発音がほかと異なる語が 1 つあります。記号で答えなさい。　〔長崎〕

(1)　ア　l**ea**ve　　イ　cl**ea**n　　ウ　s**ea**son　　エ　r**ea**dy　　オ　sp**ea**k

(2)　ア　ten**th**　　イ　ei**th**er　　ウ　fa**th**er　　エ　o**th**er　　オ　**th**ose

(3)　ア　bl**ue**　　イ　f**oo**t　　ウ　l**o**se　　エ　fr**ui**t　　オ　m**oo**n

(4)　ア　h**ou**se　　イ　sh**ou**t　　ウ　th**ou**sand　　エ　m**ou**ntain　　オ　c**ou**ntry

（4 点×4—16 点）

(1)	(2)	(3)	(4)

3 次の英文は，高校生のカズヤ(Kazuya) について書かれたものです。（　）に入れるのに最も適切な語をそれぞれ選び，記号を書きなさい。

（4 点×5—20 点）

〔沖縄〕

1
2
3
4
5

Kazuya is 17 years old.　He goes to Okinawa Minami High School. His school is famous （　1　） its strong soccer team.　Kazuya is a very good soccer player.

He is also good at speaking English.　He （　2　） the school's English speech contest last year.　This year the contest will be （　3　） in September.　Kazuya will join it （　4　） he likes English activities.　He is doing a （　5　） of practice every day and hopes he will do well.

1　ア　on　　イ　for　　ウ　to　　エ　in

2　ア　win　　イ　wins　　ウ　winning　　エ　won

3　ア　hold　　イ　holds　　ウ　held　　エ　holding

4　ア　than　　イ　but　　ウ　or　　エ　because

5　ア　lot　　イ　many　　ウ　much　　エ　few

4 次の日本文に合うように，（　）内の語句を並べかえて，全文を書きなさい。ただし，1語不足しているので補うこと。

（5点×4—20点）

(1) 向こうの山々は雪でおおわれていました。

(there, were, the mountains, snow, covered, over).

(2) ジョンは先週からずっと病気で寝ています。

(been, sick, has, in, John, since) last week.

(3) 父は私の宿題を手伝ってくれました。

(helped, my, me, my father, homework).

(4) 私たちは駅の前で彼を待ちました。

(the station, him, for, in, we, of, waited).

(1)	
(2)	
(3)	
(4)	

5 次の各組の＿＿に同じつづりの1語を入れなさい。　〔開成高〕　（4点×5—20点）

(1)
Please hang ＿＿＿＿＿ the phone and wait.
He looked ＿＿＿＿＿ from his book.

(2)
I was late for school ＿＿＿＿＿ account of an accident.
I read three books a month ＿＿＿＿＿ average.

(3)
Computers are now much easier to understand than they ＿＿＿＿＿ to be.
This dictionary is ＿＿＿＿＿ by many students.

(4)
The traffic was so ＿＿＿＿＿ that it took me a long time to get there.
The ＿＿＿＿＿ snow prevented us from going out yesterday.

(5)
Will you please ＿＿＿＿＿ after my dog for a while ?
I called her name but she didn't ＿＿＿＿＿ back.

(1)	
(2)	
(3)	
(4)	
(5)	

6 次の文を英語で書きなさい。

(1) 私たちはその試合に勝つために全力を尽くしました。

(2) 私の計画はあなたの計画と異なります。

（8点×2—16点）

(1)	
(2)	

総合実力テスト

●時間 40分	●得点
●合格点 70点	点

解答▶別冊 47 ページ

1 次の文の（　）に入る最も適当なものを選び，記号で答えなさい。 （3点×3―9点）

(1) I (　　　　) to the park three days ago.　〔駒込高〕

ア　have been　　イ　go　　ウ　have gone　　エ　went

(2) I'm looking forward (　　　　) his new novel.

ア　reading　　イ　to read　　ウ　to reading　　エ　read

(3) "How (　　　　) is it from here to the station ?" "It's only 1 km."

ア　many　　イ　long　　ウ　much　　エ　far

(1)	
(2)	
(3)	

2 次の各組の文がほぼ同じ内容になるように，＿＿に適語を入れなさい。 （3点×3―9点）

(1) We don't have any food in our house. 〔法政大第二高〕
We have nothing ＿＿＿＿＿＿ ＿＿＿＿＿＿ in our house.

(2) This book is more interesting than that. 〔郁文館高〕
That book is not ＿＿＿＿＿＿ interesting ＿＿＿＿＿＿ this.

(3) What do they call this fruit in America ? 〔郁文館高〕
What ＿＿＿＿＿＿ this fruit ＿＿＿＿＿＿ in America ?

(1)	
(2)	
(3)	

3 次の日本文に合うように，（　）内の語句を並べかえて，全文を書きなさい。

(1) 彼のおかげで私はとても幸せになった。　（1語不要）　〔駒込高一改〕

(made, so, he, became, happy, me).

(2) 今回，どんな花を持って行ったら良いですか。　〔実践学園高一改〕

(flowers, bring, kind, I, what, should, of) this time ?

(3) 公園にはたくさんの人がいました。　（1語不足）

(were, of, in, there, people, a, the park).

(4) あなたは何度日光に行ったことがありますか。　〔郁文館高一改〕

(have, many, you, Nikko, how, to, times, been) ?

（4点×4―16点）

(1)	
(2)	
(3)	
(4)	

4 次の各組の英文を読んで，3つの文がほぼ同じ意味を表す組には○印を書き，ほかの2文と
異なる意味の文がある場合は，その文の番号を答えなさい。 〔関西学院高〕

(4点×3—12点)

(1) 1　I visited New York for the first time.
　　 2　That was my first visit to New York.
　　 3　I have never visited New York.

(2) 1　After he took this medicine, he got well quickly.
　　 2　This medicine made him well soon.
　　 3　As soon as he took this medicine, he got well.

(3) 1　She could reach the station in thirty minutes.
　　 2　Thirty minutes have passed since she arrived at the station.
　　 3　She was able to get to the station in half an hour.

(1)	
(2)	
(3)	

5 次の（　）にあてはまる単語をそれぞれ書きなさい。また，　ア　〜　エ　にあてはまる単語
を下の〔　〕内からそれぞれ選んで書きなさい。 〔群馬—改〕

Noriko 　: Hello, Mr. Jones.

Mr. Jones: Hello, Noriko. What（　①　）you doing ?

Noriko 　: I'm writing a letter to Susan in Canada. I visited her when I went there last month.

Mr. Jones: Oh, I remember that. Did you enjoy staying in Canada ?

Noriko 　: Yes, very much. I want to go there 　ア　.

Mr. Jones: That's good.

Noriko 　: Mr. Jones, I have a question.

Mr. Jones: OK, please ask me, Noriko.

Noriko 　: I like English very much, 　イ　 I don't have confidence. What can I do to have
　　　　　 confidence in English ? Do you have any good ideas ?

Mr. Jones: Well, try to 　ウ　 English in your daily life. Keeping a diary in English is good
　　　　　 practice. Singing English songs is also good.

Noriko 　: Oh, I like listening（　②　）English songs, so I want to try.

Mr. Jones: Good. You don't 　エ　 to speak perfect English. Enjoy learning English, Noriko.

Noriko 　: Thank you, Mr. Jones.

〔again　before　but　must　if　make　that　have　use〕

(3点×6—18点)

①	②		
ア	イ	ウ	エ

6 次の各文において，その受け答えとして最も適当なものを１つ選び，記号で答えなさい。 〔駒込高〕 （4点×2—8点）

(1) May I use your pen ?

ア Certainly.
イ You're welcome.
ウ No, I don't like it.
エ All right, I'll use it.

(2) Why don't we have a cup of coffee after lunch ?

ア Because we want to.
イ Please go ahead.
ウ Take it easy.
エ That sounds nice.

(1)	
(2)	

7 次の文章を読んであとの問いに答えなさい。 〔香川—改〕

I visited Yaku Island with my family last month. Yaku Island ① is ☐ for its big old trees. I saw one of the ②(old) trees in Japan on the trip. Have you ever ③☐ *the tree called *Jomonsugi* ? *Jomonsugi* is about 3,000 years old. ④ぼくはそれを知って驚きました。 ⑤☐ I saw the tree for the first time, I could not speak a word. I was looking at the tree quietly. I just said good-bye to the tree and left there. ⑥I (last, of, will, that, the tree, the life, hope) forever.

注　the tree called *Jomonsugi*　縄文杉と呼ばれる木

(1) 下線部①を，「大きくて古い木で有名です」という意味にするには，☐内に，どのような語を入れたらよいか。最も適当な語を１つ書きなさい。

(2) ②の（ ）内の old を，最も適当な形になおして１語で書きなさい。

(3) ③の☐内に入る最も適当なものを，次のア～エから１つ選んで，その記号を書きなさい。

ア hear of
イ heard of
ウ hear from
エ heard from

(4) 下線部④の日本文を英語で書きなさい。

(5) ⑤の☐内に入る最も適当なものを，次のア～エから１つ選んで，その記号を書きなさい。

ア And
イ Before
ウ If
エ When

(6) 下線部⑥が，「ぼくはその木の生命が永久に続くことを願っています。」という意味になるように，（ ）内のすべての語句を，正しく並べかえて全文を書きなさい。

(7) 次の質問に英語で答えなさい。

How old is *Jomonsugi* ?

（4点×7—28点）

(1)	(2)	(3)
(4)		
(5)		
(6)		
(7)		

ハイクラステスト
中2英語
解答編

1. 過去形 (一般動詞)

Step A 　解答　　本冊 ▶ pp. 2〜3

1 (1) walked　(2) practiced　(3) hurried
　(4) stopped　(5) caught　(6) spent　(7) grew
　(8) read　(9) gave　(10) took　(11) forgot　(12) left

2 (1) enjoyed　(2) didn't, speak
　(3) Did, study, last, did

3 (1) watched　(2) danced　(3) bought
　(4) sent　(5) lives

4 (1) Did it rain a lot last month ?
　(2) I didn't〔did not〕see that boy in the park
　　at that time.
　(3) We had lunch at the cafeteria yesterday.
　(4) Yuki sat on the bench with her friend.

5 (1) My father listened to music in his room
　　yesterday.
　(2) Did Yukari say anything to you then ?
　(3) I did not go to China last year.

6 (1) She got up at six thirty.
　(2) No, she didn't〔did not〕.
　(3) She went shopping (with them).

7 (1) My mother visited this library three days
　　ago.
　(2) Did you do your homework yesterday ?
　　— Yes, I did.

解説

1 (1)〜(4)は規則動詞。(1)たいていの語は語尾に ed をつける。(2) e で終わる語は d をつける。(3)〈子音字 + y〉で終わる語は，最後の y を i にかえて ed をつける。(4)〈短母音 + 子音字〉で終わる語は，子音字を重ねて ed をつける。(5)〜(12)不規則動詞は，出てきたときにその都度覚えよう。

2 (1)過去の肯定文。規則動詞の enjoy を過去形にする。(2)過去の否定文なので〈didn't〔did not〕+ 動詞の原形〉の形。不規則動詞の speak(過去形は spoke)は原形でよい。(3)過去の疑問文なので〈Did + 主語 + 動詞の原形 〜 ?〉の形。規則動詞の study(過去形は studied)は原形でよい。

⚠ ここに注意　(1) enjoy は〈母音字 + y〉で終わる語なので，enjoied とはせず，そのまま ed をつける。

3 (1) yesterday「昨日」があるので過去の文。「私は昨日，テレビでサッカーの試合を見ました(watched)」(2) three days ago「3日前」があるので過去の文。「その少女たちは3日前，ステージで踊りました(danced)」(3) last Sunday「この前の日曜日」があるので過去の文。「ベンはこの前の日曜日に新しい自転車を買いました(不規則動詞 buy → bought)」(4) last night「昨夜」があるので過去の文。「ジェーンは昨夜，ユカにメールを送りました(不規則動詞 send → sent)」(5) now「今」があるので現在(進行形)の文になるが，live はふつう進行形にしない。主語が3人称単数(Mike)なので，s をつけ忘れないようにする。「マイクは今，東京に住んでいます(lives)」

⚠ ここに注意　(5)時制が現在のときは主語が3人称単数であるかどうかの確認をする。

4 (1) rained は過去形。疑問文は Did を文頭に置き，動詞は原形に。(2) saw は不規則動詞 see の過去形。否定文は動詞の原形の前に didn't〔did not〕を置く。(3) have → had(不規則動詞)(4) sit → sat (不規則動詞)

5 (1) listen to 〜「〜を聞く」(2)過去形の疑問文は主語の前に Did を置く。(3)過去形の否定文は動詞の原形の前に didn't〔did not〕を置く。

6 (1)「サユリは何時に起きましたか」という問い。疑問文中では原形(get up「起きる」)だが，答えるときは過去形(got up「起きた」)を使う。また「〜時に(…する〔した〕)」というときは前置詞の at を忘れないように。(2)「サユリは朝食の前に散歩をしましたか」という問い。Did 〜 ?の疑問文には，〈Yes, + 主語 + did.〉または〈No, + 主語 + didn't〔did not〕.〉と答える。(3)「サユリは友だちと何をしましたか」という問い。her friends(代名詞は them)となっていることにも注意。「買い物に行く

〔行った〕」＝go〔went〕shopping

7 (1)「3日前に」＝ three days ago　(2)「宿題をする」＝ do one's homework

Step B 　**解答**　　本冊 ▶ pp. 4〜5

1 (1)ウ，ケ　(2)エ，オ，カ，キ，コ
　(3)ア，イ，ク

2 (1)painted　(2)had　(3)went

3 (1)Tom didn't〔did not〕read this book.
　(2)Did the boy find this letter in the classroom ? — Yes, he did.
　(3)Where did Yuki's teacher put the bag ?
　(4)What did Maki wear at the party ?

4 (1)私の息子はこの前の日曜日，たくさん魚をつかまえました〔釣りました〕。
　(2)ケンは今朝，腹痛がしました。
　(3)彼は転んで頭を打ちました。
　(4)だれがこのきれいなかばんを作りましたか。
　　— 私の母です。

5 (1)The boy looked back at me many times.
　(2)Kenta left for Canada the day before yesterday.
　(3)A cute dog came up to me at that time.
　(4)My sister cut a piece of cake for me.

6 (1)Yes, he did.　(2)No, he didn't〔did not〕.
　(3)He bought a hair accessory (for her).

7 (1)What sport(s) did you play yesterday ?
　(2)How many people joined〔took part in〕the〔that〕meeting ?
　(3)My father went to bed early last night.

解説

1 (1)語尾が d, t で終わる語の ed の発音→ [id]　(2)語尾が t 以外の sh, ch, ss, p などの無声音で終わる語の ed の発音→ [t]　(3)語尾が d 以外の l, y などの有声音で終わる語の ed の発音→ [d]

ここに注意 studied の発音は [stʌdid] だが，下線部の発音は [d]。[id] としない。

2 (1)「あの男性はその絵の画家です」→「あの男性がその絵を描きました(painted)」　(2)「たくさんの人々が祭りを楽しみました」→「たくさんの人々が祭りで楽しく過ごしました(不規則動詞 have → had)」　(3)flew は fly の過去形。「私のおじは韓国まで飛行機に乗りました」→「私のおじは韓国に飛行機で行きました(不規則動詞 go → went)」

3 (1)主語が3人称単数(Tom)だが，動詞 read「読む」に s がついていないので，過去の文だとわかる。過去の否定文は〈didn't ＋動詞の原形〉で表す。(2)found は find「見つける」の過去形。疑問文は〈Did ＋主語＋動詞の原形 〜 ?〉の形で，did / didn't を使って答える。　(3)主語が3人称単数(Yuki's teacher)だが，動詞 put「置く」に s がついていないので，過去の文だとわかる。on the desk「机の上に」という場所を問うので疑問詞は where を使い，疑問文の語順を続ける。　(4)wore は wear「着ている」の過去形。a blue dress「青いドレス」を問うので，疑問詞の what を文頭に置き，疑問文の語順を続ける。

4 (1)caught は catch「つかまえる」の過去形。(2)had は have の過去形。have a stomachache「腹痛がする」　(3)fell は fall「倒れる」の過去形。hit「打つ」は原形と過去形が同じ形。　(4)Who が主語の疑問文。made は make「作る」の過去形。

5 (1)規則動詞の look を過去形(looked)にする。「〜を振り返る」＝ look back at 〜　(2)不規則動詞の leave を過去形(left)にする。「〜に出発する」＝ leave for 〜　(3)不規則動詞の come を過去形(came)にする。「〜に近づく」＝ come up to 〜　(4)過去の文だが，cut「切る」は原形と過去形が同じ形。「1切れのケーキ」＝ a piece of cake

6 (1)「ジムはメアリーを愛していましたか」
　(2)「ジムはメアリーのために人形を買いましたか」
　(3)「ジムはメアリーのために何を買いましたか」

7 (1)「どんなスポーツ」＝ what sport(s)のあとに過去の疑問文の語順を続ける。　(2)「何人の人」＝ how many people が主語の疑問文にする。「〜に参加する」は join(規則動詞)または take(過去形は took) part in 〜で表す。　(3)「寝る」＝ go(過去形は went) to bed

Step B 　**解答**　　本冊 ▶ pp. 6 〜 7

1 (1)came　(2)said　(3)sent　(4)studied
　(5)fell down

2 (1)イ　(2)ア　(3)ウ　(4)ウ

3 (1)took　(2)had　(3)invited　(4)wrote

(5) went　(6) saw

4 (1) He told his idea(s) to elderly〔old〕people.
(2) My father took it〔them〕in Canada.

5 (1) I didn't see my uncle in Hokkaido.
(2) The man stayed home in the evening three days ago.
(3) What kind of sport did you play in your school days?

6 (1) He went to bed at eleven (last night).
(2) She came (here) by bus.
(3) We visited Kyoto (last Sunday).

7 (1) No, he didn't〔did not〕.
(2) They enjoyed the sight of colorful flowers.
(3) They had it〔lunch〕on a big rock.
(4) Jane〔Tom's sister〕did.
(5) Yes, they did.

【解説】

1 (1) came が come「来る」の過去形。「だれが昨日この部屋に来ましたか」―「ケンです」　(2) said が say「言う」の過去形。「ミカはジョンにさようならを言いました。しかし彼は返事をしませんでした」　(3) sent(send「送る」の過去形)だと意味が通る。「私は銀行に行って，スリランカにお金をいくらか送りました」　(4)「私は先週末，数学を勉強しました」　(5) fell down「倒れた」だと意味が通る(fell は fall の過去形)。「男が通りで少女にぶつかりました。彼女は転んでケガをしました」

2 (1) r<u>a</u>n [ræn]，s<u>a</u>t [sæt]　(2) s<u>ai</u>d [sed]，f<u>e</u>lt [felt]　(3) h<u>ea</u>rd [həːrd]，l<u>ea</u>rn [ləːrn]　(4) 主語が3人称単数(Ken)だが read に s がないので過去形だとわかる。過去形の場合 read [red] という発音になる。m<u>e</u>t [met] は meet「会う」の過去形。

3 (1) 不規則動詞の take を過去形(took)にする。take ~ to ...「~を…に連れて行く」　(2) 不規則動詞の have を過去形(had)にする。　(3) 規則動詞の invite「招く」を過去形(invited)にする。　(4) 不規則動詞の write「書く」を過去形(wrote)にする。　(5) 不規則動詞の go「行く」を過去形(went)にする。　(6) 不規則動詞の see「見る」を過去形(saw)にする。the other day「先日」

4 (1)「(人)に~を伝える(話す)」は tell ~ to ... で表す。不規則動詞 tell の過去形は told になる。　(2)「父がそれ(ら)を撮った」と考える。「(写真を)撮

る」= take の過去形は took になる。

5 (1)「私は北海道にいるおじに会いませんでした」　(2)「その男性は3日前の夕方は家にいました」　(3)「あなたは学生時代，どんな種類のスポーツをしましたか」

6 (1)「何時に寝ましたか」→「11時に寝ました」　(2)「どうやって来ましたか」→「バスで来ました」　(3)「何をしましたか」→「京都を訪れました」

7 (1)「トムは友だちとピクニックに行きましたか」　(2)「彼らは川沿いで何を楽しみましたか」　(3)「彼らはどこで昼食をとりましたか」　(4)「だれが昼食後にたくさん歌を歌いましたか」　(5)〈feel +形容詞〉は「~に感じる」の意味。「彼らはピクニックで幸せに感じましたか」

【全訳】　春のある日，トムと妹のジェーンはピクニックに行きました。彼らは川沿いを歩き，そこで色とりどりの花の光景を楽しみました。やがて，彼らは大きな岩を見つけました。彼らはその上にすわり昼食をとりました。昼食後，トムは何枚か絵を描き，ジェーンはたくさんの歌を歌いました。彼らはピクニックをとても楽しみました。

2. 過去形 (be動詞)

Step A　【解答】　本冊 ▶ pp. 8～9

1 (1) was　(2) are　(3) were　(4) is　(5) was, is　(6) Was　(7) Did　(8) Were

2 (1) I was in Canada last summer.
(2) Ken and his brother weren't〔were not〕at home three days ago.
(3) Were you busy last night?
(4) How was the weather yesterday?

3 (1) 私の犬はそのとき木の下にいました。
(2) 彼は昨日，学校を休みました。
(3) あなたは会議に遅れましたか。― はい，遅れました。
(4) 彼はこの前の週末，私と一緒にいませんでした。

4 (1) were　(2) wasn't　(3) Were, weren't　(4) was, was

5 (1) He was very kind to me.
(2) We were in the classroom after school.
(3) Was he your teacher last year?
(4) These books were not very useful.

解説

1 前後のつながりや時を示す語句から現在と過去を判断する。(7)以外はすべて be 動詞の文。 (1)主語が I なので be 動詞は was(過去形)を使う。「私は昨年，7年生(＝中学1年生)でした」 (2)「彼_{かれ}らは今，教室にいます」 (3)主語が we なので be 動詞は were(過去形)を使う。「私たちはそのとき，お腹が空いていました」 (4)「こんにちは，ジェーン。こちらは私の姉〔妹〕のハルカです」 (5)今朝(過去)と今(現在)の天気を対比している。「今朝は曇_{くも}っていましたが，今は晴れています」 (6) be 動詞の疑問文。主語が she なので be 動詞は was(過去形)を使う。「彼女は10年前，テニス選手でしたか」 (7)一般動詞 stay「滞在_{たいざい}する」の疑問文。過去時制なので did を使う。「あなたのお父さんは昨日，家にいましたか」 (8) be 動詞の疑問文。主語が you なので be 動詞は were(過去形)を使う。「あなた(たち)は先週，病気でしたか」

> 🛡 **ここに注意** (6)〜(8)疑問文で do〔does, did〕を使うのは一般動詞〈Do〔Does, Did〕＋主語＋動詞の原形 〜 ?〉のとき。主語の後ろが動詞(原形)かどうかで判断できる。(6) a tennis player(名詞)，(7) stay(動詞)，(8) sick(形容詞)

2 (1) I'm → I was (2) aren't → weren't〔were not〕 (3) Are → Were (4) is → was

3 (1) under the tree「木の下に」，at that time「そのとき」 (2) be absent from 〜「〜を休む」 (3) be late for 〜「〜に遅_{おく}れる」 (4) with me「私と一緒_{いっしょ}に」

4 いずれも過去の be 動詞の文。 (1)主語は複数(Ken and I)なので，were を使う。 (2)否定文。解答欄_{らん}が1つなので was not の短縮形 wasn't を使う。 (3)疑問文。答えの文は，No のあとなので were not の短縮形 weren't を使う。 (4)主語は3人称単数_{しょう}(the movie)なので，was を使う。

> 🛡 **ここに注意** (1) Ken や I にまどわされて，was を使わない。

5 (1)過去の文なので was を使う。現在形の is が不要。 (2)主語が複数の we なので were を使う。was が不要。 (3) be 動詞の疑問文は〈be 動詞＋主語 〜 ?〉なので did が不要。 (4) be 動詞の否定文は〈be 動詞＋ not〉なので did が不要。

Step **B** 解答   本冊 ▶ pp. 10〜11

1 (1) He was in the sixth grade last year.

(2) Was this book interesting ?

(3) We weren't〔were not〕 at school then.

(4) Where were they after school ?

(5) When was Mike in the museum ?

(6) Those were easy questions.

2 (1) Yes, it was. (2) No, we weren't〔were not〕.

(3) He was in Osaka. (4) It was rainy.

(5) Kenji was.

3 (1) was, teacher (2) wasn't, that

(3) Was, it

4 (1) These books were my sister's.

(2) I wasn't〔was not〕 careful.

(3) Were you (at) home yesterday ?

(4) What color was his bag ?

(5) Who was in the classroom then ?

(6) What was in the box ?

5 (1) She was at Midori Park.

(2) No, it wasn't〔was not〕. (3) Yes, they were.

(4) It was delicious. (5) Yes, she did.

解説

1 (1) He's は He is の短縮形。過去の文にするので，be 動詞の is を was にかえる。 (2) Was(be 動詞)を主語の前に置いて疑問文をつくる。 (3) were(be 動詞)のあとに not を置いて否定文をつくる。 (4)場所をたずねる where の疑問文にする。 (5)時をたずねる when の疑問文にする。 (6)主語が複数の Those にかわるので be 動詞を were にし，あとの名詞を複数形(questions)にする。また，複数なので1を示す冠_{かん}詞の an は不要になる。

2 (1)「昨夜は寒かったですか」「はい，寒かったです」 (2)「あなたたちは昨年，中学生でしたか」「いいえ，中学生ではありませんでした」 (3)「あなたのお父さんはこの前の日曜日にどこにいましたか」「彼は大阪にいました」 (4)「昨日の天気はどうでしたか」「雨でした」 (5)「だれが学校を欠席しましたか」「ケンジです」

> 🛡 **ここに注意** (2) students は複数形なので，you は「あなたたちは」の意味。答える文では I ではなく we を使う。

3 (1)「ブラウン先生は昨年，私たちの学校で英語を教えていました」→「ブラウン先生は昨年，私たちの英語の先生でした」 (2)「彼はそのときひまでした」→「彼はそのとき忙しくありませんでした」 (3)「この前の日曜日は雪が降りましたか」→「この前の日曜日は雪が降っていましたか」

4 (1)「姉のもの」＝ my sister's (2)「注意深い」＝ careful (3)「家にいる」＝ be (at) home (4)「何色」＝ what color (5)「だれが〜にいましたか」は Who was in 〜？で表す。主語になる疑問詞はふつう3人称単数として扱う。 (6)「何が〜の中にありましたか」は What was in 〜？で表す。疑問詞の what が主語になっている。

5 (1)「メグミは土曜日の午後，どこにいましたか」 (2)「土曜日の午後は寒かったですか」 (3)「たくさんの人が祭りにいましたか」 (4)「そこでの韓国料理はどうでしたか」 (5)「メグミは祭りを楽しみましたか」

〔全訳〕 メグミは土曜日の午後にミドリ公園でのフードフェスティバルに行きました。晴れて暖かい日でした。たくさんの人々がその祭りを訪れました。彼らはそこでいろいろな国の食べ物を楽しみました。メグミもとてもおいしい韓国の食べ物を食べました。メグミは祭りで楽しく過ごしました。

！ここに注意 (1)〜(4)は be 動詞（過去）の疑問文なので，was / were を使って答えるが，(5)は一般動詞（過去）の疑問文なので，did / didn't を使って答える。

3. 過去進行形

Step A　解答　本冊 ▶ pp. 12〜13

1 (1) looking (2) studying (3) coming (4) practicing (5) planning (6) cleaning (7) staying (8) sitting (9) running (10) swimming (11) writing (12) dying

2 (1) helping (2) Was (3) rained (4) were (5) wanted

3 (1) I was listening to music at that time.
(2) Some students were eating lunch over there.
(3) She was dancing very well.
(4) They were having a good time.

(5) Was it getting dark ?
(6) Were those birds singing ?
(7) Mr. Yamada wasn't〔was not〕driving to school.
(8) We weren't〔were not〕talking in the park.

4 (1) was, doing (2) knew
(3) weren't, watching (4) Was, raining, was
(5) were, doing, were, taking
(6) was, using, was

5 (1) 彼の両親は世界中を旅行していました。
(2) 彼女はあの湖の絵を描いていましたか。
— いいえ，描いていませんでした。
(3) 私はそのとき本を読んでいませんでした。

解説

1 (1)(2)(6)(7) 多くの語はそのまま ing。(3)(4)(11) 語尾が発音しない e → e をとって ing。 (5)(8)(9)(10) 語尾が〈短母音＋子音字〉→子音字を2つ続けて ing。 (12) 語尾が ie → ie を y にかえて ing。

！ここに注意 (5)(6) 同じ n で終わる語でも，plan は〈短母音＋子音字〉で終わるので子音字を2つ続けて ing をつける。clean は子音字の前が短母音ではないのでそのまま ing をつける。

2 (1) were（be 動詞）があるので，helping（動詞の ing 形）だと過去進行形になり意味が通る。「彼らはお互いを助けていました」 (2) at that time「そのとき」は過去のある時点を表す語句。washing（動詞の ing 形）があるので，Was（be 動詞）を選ぶと過去進行形の疑問文になる。「彼女はそのとき皿を洗っていたのですか」 (3) yesterday「昨日」があるので，rained（過去形）を選ぶと意味が通る。「昨日は激しく雨が降りました」 (4) 過去を表す語句と doing があるので，were を選ぶと過去進行形の疑問文になる。「あなた（たち）は昨夜9時に何をしていましたか」 (5) want「欲する」は継続した状態を表す動詞で，ふつう進行形で使用しない。過去の文脈なので wanted が適切。「彼は空腹でした。だから彼は食べ物を欲しがっていました」

！ここに注意 (3) ing 形だけでは動詞として成立しない。進行形には必ず be 動詞が必要。
× It raining then.　　〇 It was raining then.

3 (1) I'm は I am の短縮形。be 動詞 am を過去形 was にする。 (2) 過去進行形でも be 動詞は主語に応じて変化する。主語が複数になるので，was を were にする。 (3)(4) 過去進行形は〈was〔were〕＋動詞の ing 形〉で表す。 (5)(6) 疑問文は Was, Were を文頭に置く。 (7)(8) 否定文は was，were のあとに not を置く。

4 (1)「宿題をする」＝ do one's homework (2) know「知っている」(過去形は knew)はふつう進行形にしない。 (3) 解答欄の数が 2 つなので，短縮形の weren't を使う。 (4) 過去進行形の疑問文は〈Was〔Were〕＋主語＋動詞の ing 形 ～?〉で表す。「雨が降る」＝ rain (5)「散歩をする」＝ take a walk (6)「だれが～していましたか」は〈Who was ＋動詞の ing 形 ～?〉で表す。この疑問文には〈主語＋ was〔were〕.〉で答える。

5 (1) around the world「世界中を」 (2) draw「(絵)を描く」 (3) at that time「そのとき」は過去の時を表す。

Step B 解答

本冊 ▶ pp.14～15

1 (1) hurrying (2) getting (3) taking
(4) skiing (5) lying

2 (1) He was reading a comic book.
(2) Were many birds sitting in a tree?
(3) She wasn't〔was not〕swimming in the river.
(4) What were they doing after dinner?
(5) Who was talking to Mr. Smith?

3 (1) The dog was sleeping by the sofa.
(2) We belonged to the soccer team.
(3) Who was playing tennis with you?
(4) What were you thinking about then?

4 (1) Yes, she was.
(2) No, they weren't〔were not〕.
(3) He was looking for his key.
(4) They were running in the park.
(5) Kumi and Yuka were.

5 (1) No, it wasn't〔was not〕.
(2) She was playing (with it) under the tree.
(3) No, he didn't〔did not〕.

6 (1) We were cleaning our classroom.
(2) What was he eating〔having〕at the restaurant?

解説

1 (1)(4) そのまま ing をつける。 (2) 最後の子音字を 2 つ重ねて ing をつける。 (3) e をとって ing をつける。 (5) ie を y にかえて ing をつける。

2 (1) 主語が 3 人称単数(He)だが，read に s がついていないので過去形だとわかる。したがって過去進行形にする。 (2)(3) sit，swim ともに子音字を重ねて ing をつける。 (4)「彼らは夕食後，何をしていましたか」という文に。 (5)「だれがスミス先生と話していましたか」という疑問詞が主語の文に。

3 (1) 過去進行形の文にする。sleep → sleeping (2)「～に所属している」＝ belong to ～は状態を表す動詞なので，ふつう進行形にしない。belong → belonged(過去形) (3) 疑問詞の who は 3 人称単数の扱い。be → was (4) what を文頭に置き，過去進行形の疑問文の語順を続ける。think → thinking

> **ここに注意** (3) belong to「～に所属している」，like「好んでいる」，want「欲しがっている」，know「知っている」，need「必要としている」などの継続した状態を表す動詞はふつう進行形にしない。
> × I was belonging to the club.
> × We were needing a new computer.

4 (1)(2) yes か no で答える過去進行形の疑問文には，was / were を使って答える。 (3)「彼は何を探していましたか」「彼はかぎを探していました」 (4)「彼らはどこで走っていましたか」「彼らは公園で走っていました」 (5)「だれが向こうで踊っていましたか」「クミとユカが踊っていました」

> **ここに注意** (5) 主語の Who は 3 人称単数の扱いでふつう Who was ～?とするが，答えの文では複数の人を指すこともある。be 動詞は主語に応じて使い分けるので，その場合は were を用いる。

5 (1) 過去進行形の疑問文なので，was / wasn't〔was not〕を使って答える。「日曜日の朝は雨が降っていましたか」 (2)「ユリは公園のどこで犬と遊んでいましたか」 (3) 一般動詞(過去形)の疑問文なので，did / didn't〔did not〕を使って答える。「マサキはユリと楽しくない時を過ごしましたか」

【全訳】 マサキは日曜日の朝に彼の犬と一緒に公園まで歩きました。少し雪が降っていましたが，たくさんの人

がそこにいました。走っている人もいれば，歩いている人もいました。マサキは木の下でユリを見ました。彼女(かのじょ)は彼女の犬と一緒(いっしょ)に遊んでいました。マサキは彼女たちに加わりました。ユリとマサキはボールを投げました。犬たちは走ってそれを捕りました。マサキはユリと一緒に日曜日の朝を楽しく過ごしました。

6 (1) 主語が複数(we)の過去進行形の文なので〈were＋動詞の ing 形〉で表す。「掃除(そうじ)する」＝ clean (2) 主語が3人称単数(he)の過去進行形の疑問文なので〈What was he ＋動詞の ing 形 ～?〉で表す。「食べる」の意味の場合は have を進行形にできる。

Step C ⬤ **解答** 本冊 ▶ pp. 16～17

1 (1) イ (2) ア (3) イ (4) ウ

2 (1) slept (2) was (3) flew (4) rained

3 (1) I left home for the station at nine.
 (2) How many children were late for the class ?
 (3) Some of my Japanese friends became homesick.

4 (1) Where, were (2) was, were
 (3) did, bought (4) was, absent

5 (1) vacation (2) beautiful (3) under
 (4) time

6 (1) I read a book about Yakushima Island the other day.
 (2) I played catch with my father.
 (3) That game was really exciting.

解説

1 (1) 過去の文。swim は不規則動詞。 (2) 過去進行形の文。 (3) 過去の文。need「必要としている」は継続(けいぞく)した状態を表すので，ふつう進行形にしない。 (4) 主語(Naoko and Koji)は複数(ふくすう)。

2 (1) have〔had〕a good sleep で「よく眠(ねむ)る〔眠った〕」の意味。sleep〔slept〕well で同じ意味になる。 (2)「私の祖母は髪(かみ)が長かった」→「私の祖母の髪は長かった」 (3) go〔went〕to ～ by plane で「～に飛行機で行く〔行った〕」の意味。fly〔flew〕to ～で同じ意味になる。 (4)「先月は雨がたくさん降りました」の意味。主語が we と it のときの表現方法の違(ちが)いに注意する。

3 (1)「～を出て…に向かう」は leave ～ for ... で表すので to が不要。left は leave の過去形。 (2) How many children（複数）がこの文の主語なので

was が不要になる。 (3)「ホームシックになる」は become homesick で表す。became は become の過去形。

4 (1)「あなたは先週末，どこにいましたか」「私は北海道にいました。そこでスキーをしました」 (2)「そのときだれがグラウンドでテニスをしていましたか」「ケンとマイクです」 (3)「あなたはこの前の日曜日にその店で何を買いましたか」「私は新しいかばんを買いました」 (4)「マキは昨日，学校にいませんでした」「何と言いましたか」「マキは昨日，学校を休みました」

5 (1)「春休み」＝ spring vacation (2)「美しい」＝ beautiful (3)「～の下で」＝ under ～ (4)「すばらしい時間を過ごす」＝ have a wonderful time

6 (1) the other day「先日」は文頭でも可。「読む」の過去形は read。つづりは原形と同じだが，発音は [red] となる。 (2)「キャッチボールをする」＝ play catch (3)「本当に」＝ really，「(物・事などが)興奮する」＝ be exciting

4. 未来表現

Step A ⬤ **解答** 本冊 ▶ pp. 18～19

1 (1) wash (2) be (3) Will (4) play (5) am
 (6) will be (7) won't

2 (1) Ken will go to the library tomorrow.
 (2) My mother will be forty years old next April.
 (3) She won't〔will not〕watch TV tonight.
 (4) Will you be busy this afternoon ?

3 (1) She is going to talk about her family.
 (2) I'm〔I am〕going to go to the park.
 (3) Are you going to study Chinese ?
 (4) We aren't〔are not〕going to play soccer tomorrow.

4 (1) is, going (2) to, buy〔get〕
 (3) will, have〔take〕 (4) Will, rain, won't
 (5) are, going, are, going (6) not, going

5 (1) 彼は来週，東京に行くことになっています。
 (2) 彼女はその試験に合格しないでしょう。
 (3) あなたは明日，早く起きるつもりですか。
 ― いいえ，そのつもりはありません。
 (4) 今夜の天気はどうなるでしょうか。

1 (1) will のあとの動詞は原形。　(2) It'll は It will の短縮形。rainy「雨降りの」は形容詞なので，be 動詞が必要になる。　(3) あとの be と next Sunday から未来の文。疑問文は Will で始める。(4) be going to のあとには動詞の原形が続く。　(5) be 動詞を使った疑問文には，適切な be 動詞を使って答える。(6) next year から未来の文。　(7) tomorrow から未来の文。won't は will not の短縮形。

2 (1)(2)〈will ＋動詞の原形〉で未来の文になる。したがって goes は go に，is は be にする。　(3) 否定文は〈won't〔will not〕＋動詞の原形〉の語順になる。(4) 疑問文は〈Will ＋主語＋動詞の原形 ～ ?〉の語順になる。

> **⚠ ここに注意**　(4) busy「忙しい」は形容詞なので，be 動詞がないと文が成立しない。you のあとの be を忘れないように。
> ○ Will you be busy this afternoon ?
> × Will you busy this afternoon ?

3 (1) 主語が She なので be 動詞は is を使う。　(2) I'll は I will の短縮形。　(3) 疑問文は be 動詞を主語の前に置く。　(4) won't は will not の短縮形。否定文は be 動詞のあとに not を置く。

4 すべて未来の文。解答欄の数や前後の語句などから be going to と will を区別する。　(1)(2) be going to の文。　(3) will の文。「テストがある」＝ have〔take〕a test　(4) will の疑問文は，〈Will ＋主語＋動詞の原形 ～ ?〉。答えの文は解答欄が 1 つなので will not の短縮形 won't を使う。　(5) be going to の疑問文。疑問詞のあとは〈be 動詞＋主語＋ going to ＋動詞の原形 ?〉の形になるようにする。(6) be going to の否定文。be 動詞のあとに not を置く。

5 (1)「行く」「来る」「到着する」などの意味を持つ動詞は，進行形で近い未来の予定を表すことができる。　(2) won't は will not の短縮形。　(3) be going to は「～するつもりだ」の意味。　(4) 現在の文だと How is the weather (now)? となる。未来の文における be 動詞の位置にも注意しておこう。

Step B　解答　　本冊 ▶ pp. 20～21

1 (1) He is going to study math. / He will study math.

(2) Will Mary go shopping tomorrow ?

(3) He isn't〔is not〕going to do his homework tonight.

(4) I will be fifteen years old next year.

(5) How will Ayako go to the museum ?

(6) When is she going to visit Okinawa ?

2 (1) 私の父はもうすぐ家に帰ってくるでしょう。

(2) 明後日は晴れて暑くなるでしょう。

(3) あなた(たち)は将来，何になるつもりですか。

(4) 私はあなたの親切を決して忘れないでしょう。

3 (1) Yes, I am.　(2) No, I won't〔will not〕.

(3) It will be cloudy (this evening).

4 (1) I am going to go to Nara next week.

(2) Will you be home tomorrow ?

(3) The bus will not arrive on time.

5 (1) He will go back there next Wednesday.

(2) It will start at two (o'clock) (in the afternoon).

(3) Keiko is.

6 (1) I'm〔I am〕going to join them.

(2) The soccer game will start〔begin〕soon.

(3) What is he going to buy at the store ? / What will he buy at the store ?

1 (1) 未来の文は〈be going to ＋動詞の原形〉または〈will ＋動詞の原形〉で表す。　(2) will の疑問文は〈Will ＋主語＋動詞の原形 ～ ?〉で表す。　(3) be going to の否定文は〈be 動詞＋ not going to ＋動詞の原形〉の形。　(4)「来年 15 歳になる」という単純な未来を表す will の文。　(5)「アヤコはどうやって博物館に行くつもりですか」という how の疑問文にする。　(6)「彼女はいつ沖縄を訪れるつもりですか」という when の疑問文にする。

> **⚠ ここに注意**　(4) 特別の原因もなく，また意志も無関係に「来年 15 歳になる」というような場合，ふつう be going to を使わない。

2 (1) 現在進行形による近い未来の予定の表現。

(2) It'll は It will の短縮形。この will は「～でしょう」の意味で，単純な未来を表している。the day

after tomorrow「明後日(あさって)」 (3) この be going to は「～するつもり」の意味で，未来についての意志を表す。in the future「将来」 (4) この will は「～するつもり」の意味。never「決して～ない」は強い否定語。

3 (1)「あなたは明日，テニスをするつもりですか」「はい，するつもりです」 (2)「あなたはこの本を読むつもりですか」「いいえ，読むつもりではありません」 (3)「今日の夜の天気はどうでしょうか」「曇りでしょう」

> ⚠ ここに注意 will の疑問文には will を使って，be going to の疑問文には be 動詞を使って答える。

4 (1) be going to の文。will が不要。 (2) ⟨Will ＋主語＋動詞の原形 ～ ?⟩の文。are が不要。 (3) will の文。is が不要。

5 (1)「スミス先生はいつアメリカに帰るつもりですか」 (2)「パーティーは何時に始まるでしょうか」 (3)「だれがピアノを演奏する予定ですか」
〔全訳〕 スミス先生は次の水曜日にアメリカに帰るつもりです。だから，彼の生徒たちが今週の土曜日の午後にコンピュータ室で彼のためにパーティーを開く予定です。パーティーは 2 時に始まります。生徒たちはスミス先生のために歌を歌うつもりです。ケイコがピアノを弾き，マサシがギターを弾く予定です。

> ⚠ ここに注意 ⟨代名詞＋ will⟩には短縮形があるので，(1) He'll, (2) It'll などとしてもよい。

6 (1) be going to の後は動詞の原形にする。「加わる」＝ join (2) will の後は動詞の原形にする。「始まる」＝ start〔begin〕 (3) 特に指定がないので be going to の疑問文でも will の疑問文でもどちらでもよい。

5. have to ～, must

Step A　解答　　本冊 ▶ pp.22～23

1 (1) 私たちは教室を掃除しなければなりません。
(2) あなた(たち)はこの部屋で食べ物を食べてはいけません。
(3) 私はそのかばんを運ばなければなりませんか。― いいえ，運ぶ必要はありません。

(4) 私は今日，テニスを練習しなければなりません。

2 (1) Does she have to leave Japan ?
(2) You don't〔do not〕have to write a report.
(3) He could dance well.
(4) They had to finish this work.
(5) You'll〔You will〕be able to run fast.

3 (1) She must go to school today.
(2) You don't have to meet Tom.

4 (1) can't〔cannot〕 (2) must, not
(3) will, have, to (4) must
(5) Was, able, wasn't (6) Must, must

5 (1) be (2) had (3) need not (4) Must
(5) had to (6) couldn't (7) do

解説

1 (1) must「～しなければならない」は強い義務を表す助動詞。 (2) mustn't〔must not〕「～してはいけない」は禁止を表す。 (3) Must ～ ? は「～しなければなりませんか」の意味。答えの文の don't have to は「～する必要がない」の意味。 (4) ⟨have to ＋動詞の原形⟩「～しなければならない」は，助動詞の must と同様の意味になる。

2 (1) have to の疑問文は，⟨Do〔Does〕＋主語＋ have to ～ ?⟩の形。主語に応じて do と does を使い分ける。 (2)「～する必要はない」は don't〔doesn't〕have to ～で表す。mustn't〔must not〕は「～してはいけない」という禁止の意味になってしまう。 (3) can を過去形 could にする。 (4) must には過去形がないので，have to の過去形 had to で代用する。 (5) will のあとに「～できる」を表す be able to を続ける。

> ⚠ ここに注意 (5) 助動詞を 2 つ続けることはできないことに注意。未来の表現と can や must を組合わせたいときは，be able to / have to などの表現で代用する。
> × I will can swim.　○ I will be able to swim.
> × I will must work.　○ I will have to work.

3 (1)「彼女は～しなければならない」は she must か she has to で表す。「学校に行く」(go to school)で to を使用するので，has to で文を組み立てられない。 (2) 不必要は don't have to で表す。禁止の意味の mustn't が不要。

4 (1)「～はずがない」= can't〔cannot〕 (2)「～してはいけない」= must not (3)「～しなければならないだろう」= will have to (4)「～にちがいない」= must (5)「彼女は～できましたか」は Could she ～？または Was she able to ～？だが，空欄の数から後者が適切。この文は be 動詞の疑問文として扱うので，答えるときも be 動詞を使う。 (6)「あなたは～しなければなりませんか」は Must you ～？または Do you have to ～？だが，空欄の数から前者が適切。

5 (1)助動詞のあとの動詞は原形。「彼（かれ）は中国語を話せるようになるでしょう」 (2)〈had better ＋動詞の原形〉で「～したほうがいい」の意味。「今日は家にいたほうがいいですよ」 (3)〈need not ＋動詞の原形〉も「～する必要はない」の意味で不必要を表す。「あなたはその仕事をする必要がありません。私がしますよ」 (4)must の疑問文にすると意味が通る。「私はこの本を読まなければなりませんか」「いいえ，読む必要はありません」 (5)過去時制なので had to が適切。「彼は昨夜，早く寝（ね）なければなりませんでした」 (6)過去時制なので couldn't が適切。選択肢の wasn't able は to が不足しているので不可。「私はこの前の日曜日，買い物に行くことができませんでした」 (7)〈Do〔Does〕＋主語＋ have to ～？〉の文は，一般動詞の疑問文として扱（あつか）うので，do〔does〕を使って答える。「あなたは 6 時に起きなければなりませんか」「はい，そうです」

Step B 　解答　　　本冊 ▶ pp.24～25

1 (1) だれがあれらの花の世話をしなければなりませんか。
(2) あなた（たち）は次の日曜日，家にいなければならないでしょう。
(3) 私の母は昨夜，夕食をつくる必要がありませんでした。
(4) 彼の話は本当のはずがありません。彼はうそをついているにちがいありません。

2 (1) able, to (2) has, to (3) need, not
(4) must, not (5) must〔should〕

3 (1) I must wash〔do〕 the dishes.
(2) We couldn't〔could not〕 go camping yesterday.
(3) You have to finish your homework.

(4) She isn't〔is not〕 able to drive a car.
(5) You had better go to bed early.

4 (1) ウ (2) イ (3) オ (4) ア

5 (1) You must not speak Japanese in this class.
(2) You have to write your name here.
(3) Kenta was not able to answer the question.

6 (1) Yes, they can.
(2) He will leave home at seven (o'clock).
(3) No, he doesn't〔does not〕 have to.
(4) He has to bring his own drink.

解説

1 (1) 疑問詞 who が主語の must（強い義務）の文。take care of ～「～の世話をする」 (2) have to の未来の文。 (3) don't〔doesn't〕 have to の過去の文。 (4) この文の can't「～はずがない」と must「～にちがいない」はともに推量を表す。

2 (1) 不可能を表す can't と be able to の書き換（か）え。「彼は中国語を話すことができません」 (2) 義務を表す must と have〔has〕to の書き換え。「彼女は早く家に帰らなければなりません」 (3) 不必要を表す don't have to と need not の書き換え。「あなたは新しいコンピュータを買う必要はありません」 (4) 禁止を表す Don't ～と mustn't〔must not〕の書き換え。「この公園で野球をしてはいけません」 (5)「ほかの人たちに親切にしなさい」→「あなたはほかの人たちに親切にしなければなりません」

3 (1)「～しなければならない」=〈must ＋動詞の原形〉 (2)「～できなかった」=〈couldn't〔could not〕＋動詞の原形〉にする。 (3)「～しなければならない」=〈have to ＋動詞の原形〉 (4)「～できない」=〈be 動詞＋ not ＋ able to ＋動詞の原形〉 (5)「～したほうがよい」=〈had better ＋動詞の原形〉

⚠ ここに注意 be able to, have to, had better, need の後ろも必ず動詞の原形。

4 (1) Must she ～？には，Yes, she must. または No, she doesn't have to. と答える。 (2)〈Do〔Does〕＋主語＋ have to ～？〉の疑問文は一般動詞の疑問文と同じで，do〔does〕を使って答える。 (3)「ジュディは何をしなければなりませんか」には具体的な内容を答える。 (4) be able to の疑問文は be 動詞の疑問文として扱（あつか）うので，be 動詞を使って答える。

5 (1) must not の文。「あなた(たち)はこのクラスで日本語を話してはいけません」 (2) have to の文。「あなたはここに名前を書かなければなりません」 (3) be able to の否定文。「ケンタはその質問に答えられませんでした」

6 (1)「彼らは明日，釣りを楽しむことができますか」 (2)「トムは何時に家を出発するでしょうか」 (3)「トムは昼食を持ってこなければなりませんか」 (4)「トムは明日，何を持ってこなければなりませんか」
〔全訳〕 もしもし，トム。こちらはケンです。明日の遠足について話します。私たちはミドリ湖を訪れる予定です。私たちは湖の周りを自転車に乗ってまわったり，釣りを楽しんだりすることができます。私たちは 8 時 30 分に湖に着かなければなりません。だから 7 時に家を出発してください。私たちはそこでバーベキューパーティーをする予定なので，あなたはお弁当を持ってくる必要はありません。でも自分自身の飲み物を持ってこなければなりません。明日の朝会いましょう。

❶ ここに注意 (3) No, he mustn't〔must not〕. だと「持ってきてはいけません」(禁止)となってしまう。must の疑問文に No で答えるときは注意しよう。

6. should, may

Step A **解答** 本冊 ▶ pp. 26〜27

1 (1) should, read (2) should, not
(3) may, be (4) may〔can〕, use
2 (1) エ (2) ア (3) オ (4) ウ (5) イ
3 (1) このイスにすわってもいいですか。― もちろんです。
(2) 彼は英語を一生けんめい勉強するべきです。
(3) あなたのかばんを運びましょうか。― いいえ，けっこうです。
(4) 映画に行きませんか。― はい，行きましょう。
4 (1) Would〔Could〕you make a cake for me ?
(2) You shouldn't〔should not〕buy this electronic dictionary.
5 (1) ウ (2) ウ (3) ア (4) ウ
6 (1) It may rain tonight.
(2) We should help each other.
(3) Would you like some milk ?

解説

1 (1)「～すべき」= should(義務) (2)「～すべきでない」= should not (3)「～かもしれない」= may(推量) (4)「～してもよい」= may〔can〕(許可)

❶ ここに注意 (3)(4) may には「～かもしれない」(推量)と「～してもよい」(許可)の 2 つの意味がある。

2 (1)「～してくれませんか」= Will〔Can, Would, Could〕you ～ ? (2)「～してもいいですか」= May〔Can〕I ～ ? (3)「～はいかがですか」= Would you like ～ ? (4)「(私たちは)～しませんか」= Shall we ～ ? (5)「(私が)～しましょうか」= Shall I ～ ?

3 (1) May I ～ ?「～してもいいですか」は許可を求める表現。承諾する場合，Yes, you may. または Sure. / All right. / Of course. などと答える。 (2) should「～すべき」は義務を表す助動詞。 (3) Shall I ～ ?「(私が)～しましょうか」は相手に申し出る表現。Yes, please. / No, thank you. と答える。 (4) Shall we ～ ?「(私たちは)～しませんか」は相手を誘う表現。Yes, let's. / No, let's not. と答える。

4 (1) Will〔Can〕you ～ ?「～してくれませんか」は相手に依頼する表現だが，Would〔Could〕you ～ ?「～してくださいませんか」とするとより丁寧な印象を与える表現になる。 (2) 否定文は〈should not ＋動詞の原形〉「～すべきでない」となる。短縮形の shouldn't を使ってもよい。

5 (1)「このアップルパイを食べてもいいですか」「申し訳ありませんが，だめです」 (2)「水族館に行きませんか」「いいえ，やめておきましょう」 (3)「皿を洗いましょうか」「はい，お願いします」 (4)「私たちのためにギターをひいてくださいませんか」「いいですよ」

❶ ここに注意 (1) 許可しない場合，No, you may not. という言い方もできるが，少し失礼な印象を与えるのであまり使わない方がよい。

6 (1)「～かもしれない」は助動詞の may で表す。must が不要。 (2)「～すべき」は助動詞の should で表す。may が不要。each other「お互い」 (3)「～はいかがですか」は Would you like ～ ?という形。will が不要。

1 (1) ウ　(2) エ　(3) ア　(4) オ　(5) イ

2 (1) Would〔Could, Will, Can〕, you
(2) Shall, we

3 (1) 私はこの箱をどこに置くべきですか。
(2) いつか月に旅行できるかもしれません。
(3) アイスクリームをあまり食べすぎないようにすべきです。

4 (1) He may not come to the party.
(2) You may〔can〕use this dictionary.
(3) We should be kind to elderly〔old〕people.

5 (1) May I eat this cake?
(2) Shall I cook lunch for you?
(3) Would you like some tea?
(4) Could you take me to the post office?

6 (1) ① ア　③ エ
(2) あなたの英語は完ぺきではないかもしれませんが，完ぺきな英語を話す必要はありません。
(3) must, not
(4) She will stay (there) for three months.

解説

1 (1)「昨日，トムは『風邪をひいている』と言っていました」「彼は今，病気で寝ているかもしれません」　(2)「マイクは明日，早起きしなければなりません」「彼は夜更かしするべきではありません」　(3)「雲が出て寒くなりつつあります」「もうすぐ雪が降るかもしれません」　(4)「ベンは将来，科学者になるつもりです」「彼は一生懸命勉強しなければなりません」　(5)「ホワイト先生はとても忙しいです」「私たちは彼女を手伝うべきです」

2 (1) please を使ったていねいな命令文と，助動詞を使った依頼の表現(Would〔Could, Will, Can〕you 〜 ?)の書き換え。「どうぞ私たちに英語を教えてください」⇔「私たちに英語を教えてくれませんか」　(2) Let's 〜 . の文と Shall we 〜 ? による相手を誘う表現の書き換え。「あのレストランに行きましょう」⇔「あのレストランに行きませんか」

3 (1) 助動詞 should の疑問文。　(2) may be able to で「〜できるかもしれない」の意味。may と can は助動詞なので同時に使うことはできない。some day「いつか」　(3) shouldn't は should not の短縮形。eat 〜 too much「〜を食べすぎる」

4 (1)「〜しないかもしれない」は may not の形。
(2)「〜してもよい」（許可）は助動詞の may または can で表す。　(3)「〜すべき」（義務）は助動詞の should で表す。be kind to 〜「〜に親切である」

⚠ ここに注意　(3) kind は形容詞なので，be 動詞が必要になる。助動詞 should の後ろに原形の be を忘れないようにする。

5 (1) May I 〜 ?「〜してもいいですか」と許可を求める表現にすると，B の「すみませんが，だめです」につながる。you が不要。　(2) Shall I 〜 ?「〜しましょうか」と申し出る表現にすると，B の「はい，お願いします」につながる。we が不要。　(3) Would you like 〜 ?「〜はいかがですか」と相手にすすめる表現にすると，B の「いいえ，けっこうです」につながる。could が不要。　(4) Could you 〜 ?「〜してくださいませんか」と相手に依頼する表現にすると，B の「いいですよ。一緒に行きましょう」につながる。should が不要。

⚠ ここに注意　(4) All right. / Sure. / Certainly. / Of course. などは依頼の承諾や，許可を与えるときに使う表現。

6 (1)(2) 全訳参照。　(3) 否定の命令文(Don't 〜 .)と禁止を表す助動詞(mustn't〔must not〕)による書き換え。　(4)「ユカはどのくらいの期間，カナダに滞在する予定ですか」

〔全訳〕 私は来週カナダに行き，そこで 3 か月間勉強する予定です。私は英語でホームステイ先の家族と話さなければなりません。私は英語がうまく話せません。しかしブラウン先生が私にいいアドバイスをしてくれました。ブラウン先生は「あなたの英語は完ぺきではないかもしれませんが，完ぺきな英語を話す必要はありません。彼らに正直に話すべきです。そうすれば，彼らはゆっくり話してくれますし，注意深くあなたの話を聞いてくれるでしょう。恥ずかしがってはいけません。楽しみなさい，ユカ」と言ってくれました。私はもう心配していません。

1 (1) ア　(2) イ　(3) ア

2 (1) Shall, we　(2) has, to　(3) must, not
(4) will, do

3 (1) Ken should help his parents.
(2) What is he going to do ?
(3) You may be able to speak English very well.
(4) I had to take care of my brother last Sunday.

4 (1) No, you don't have to.
(2) How long are you going to study here ?

5 ① オ　② ア　③ カ　④ イ　⑤ ウ

6 (1) Would you like a cup of coffee ?
(2) You'll〔You will〕have to walk to school tomorrow.

解説

1 (1)「Will you ～?」には「～しませんか」という勧誘の意味もある。　(2)「～しましょうか」= Shall I ～?　(3)「～してもいいですか」= May I ～?

2 (1)「あのカフェでお茶を飲みましょう」→「あのカフェでお茶を飲みませんか」　(2)「デイビス氏は今日の夜，彼女に電話をしなければなりません」　(3)「部屋の中で走ってはいけません」　(4)「あなたの次の日曜日の計画は何ですか」→「あなたは次の日曜日，何をしますか」

3 (1)「～すべき」は〈should ＋動詞の原形〉を使う。　(2)「彼は何をするつもりですか」という疑問文にする。　(3) 助動詞の may と can を同時に使うことはできない。can を be able to で代用して表現する。　(4) must に過去形はない。「～しなければならなかった」は，had to を使って表す。

4 (1) A「私がその仕事をしなければなりませんか」B「いいえ，する必要はありません。私がするつもりです」　(2) A「私たちの英語学校へようこそ。あなたはどれくらいの間，ここで勉強するつもりですか」B「1 か月です。私は夏休みでここにいます」

5 ①～⑤ 全訳を参照。
〔全訳〕 ケイコとトモコは仲のよい友だちでした。しかし，ケイコは東京に引っ越しをしなければなりませんでした。彼女の父親がそこで新しい仕事を得たのです。ケイコとトモコがそのことについて話していました。
ケイコ：私は来週，東京へ行くことになったわ。私の家族はそこへ引っ越すのよ。

トモコ：どうか引っ越さないで。私たちは親友なのよ。
ケイコ：でも行かないと。私の家族全員がそこへ行かなければならないのよ。
トモコ：残念だわ。どうか私にメールを送ってね。私もそうするわ。
ケイコ：私たちは遠く離れて暮らすことになるけれど，私たちの心は変わらないわ。そうね，いつか私たちを訪ねてね。
トモコ：もちろん。いつかそこへ行くわ。
ケイコ：あなたが来るのを楽しみにしているわ。
トモコ：この町をいつ出発するの？
ケイコ：次の日曜日よ。
トモコ：お見送りするわ。

6 (1)「～をいかがですか」と相手に勧めるときは Would you like ～?で表す。「1 杯のコーヒー」= a cup of coffee　(2) 助動詞の will と must を同時に使うことはできない。must を have to で代用して表現する。「～しなければならないでしょう」= will have to ～

> **⚠ ここに注意**　(1)「1 杯の～」という場合，coffee や tea なら a cup of，water や juice なら a glass of を使うなど一般的に使う容器を想定して答えること。

7. There is .... / There are ....

1 (1) are　(2) Is　(3) were　(4) aren't　(5) Was

2 (1) There are some students in the library.
(2) Is there any money in the box ?
(3) There weren't〔were not〕any clouds in the sky.
(4) There was a big tree in the park three years ago.
(5) There are no pets in my house.
(6) How many people are there in his family ?

3 (1) この近くに図書館があります。
(2) その動物園にコアラがいますか。
　― はい，います。
(3) 十分な時間がありませんでした。
(4) アジアにはいくつの国がありますか。

4 (1) There, is　(2) There, were　(3) aren't
(4) Is, there, there, isn't

(5) was, no〔wasn't, any〕

(6) What's, There's

5 (1) There are four seasons in Japan.

(2) There is no water here.

(3) Are there two libraries in this town?

(4) Your dog was by the door.

解説

1 すべて There ～ .「～があります」の文。be 動詞を後ろの名詞(主語)や時制に応じて使い分ける。(1) あとの名詞(主語)が複数形→ are (2) あとの名詞が数えられない名詞(water)→ Is (3) yesterday(過去)と名詞が複数形(children「子どもたち」)→ were (4) There が文頭にあり, any cats となっているので否定文→ aren't (5) last night から過去の文→ Was

2 (1) some students に合わせて be 動詞も is → are に。 (2) 疑問文は〈be 動詞＋ there ＋名詞(主語)～?〉の形。また, some を any にすることも忘れない。 (3) 否定文は be 動詞の後ろに not を置く。some は否定文では any にする。 (4) 過去の文なので be 動詞を is → was に。 (5)〈no ＋名詞〉で「ひとつも～ない」の意味になる。 (6) 数をたずねる疑問文にする。How many people の後に疑問文の語順を続ける。

❗ ここに注意 (5)〈not any ＋名詞〉＝〈no ＋名詞〉となる。not は動詞と結びつき, no は名詞と結びつく。

3 (1) There is ～ .「～があります」は存在を示す表現。near here「この近くに」 (2) 疑問文の Are there ～?は「～がいますか」の意味。 (3) 過去の否定文。There wasn't ～ .は「～がありませんでした」の意味の否定文。enough「十分な」 (4)〈how many ＋名詞の複数形〉は数を問う表現。

4 (1) あとの名詞が単数なので, There のあとは is を使う。 (2) あとの名詞が複数で過去の文なので, There のあとは were を使う。 (3) 解答欄(らん)が1つなので, are not の短縮形 aren't を使う。 (4) 疑問文は there の前に be 動詞を置く。答えるときは there と be 動詞を使って答える。 (5) 否定文は be 動詞のあとに not を置くか, 名詞の前に no をつける。 (6)「〈場所〉には何がありますか」は〈What is ＋場所?〉で表す。また, 解答欄がそれぞれ1つな

ので, 短縮形(What is → What's, There is → There's)を使う。

❗ ここに注意 (6) 短縮形には there is → there's と there are → there're がある。

5 (1)「四季」＝ four seasons (2) water「水」は数えられない名詞なので複数形にしない。 (3) library「図書館」の複数形は libraries となる。 (4) your dog などのように特定のものが主語になるときは, there の文が使えない。「ドアのそばに」＝ by the door

Step **B** 解答 本冊 ▶ pp. 34～35

1 (1) この図書館には約 5000 冊の本があります。

(2) 昨年の冬は雪がほとんどありませんでした。

(3) あの森には動物がいなくなるでしょう。

(4) ほかに何かありますか。― 今のところ, それですべてです。

(5) この部屋には何人の子どもがいましたか。

2 (1) Yes, there are.

(2) No, there wasn't〔was not〕.

(3) There were some oranges.

(4) There are twenty (members).

(5) There were〔was〕 no fish.

3 (1) There, are (2) are, there

(3) was, much (4) not, any

4 (1) There are some DVDs in it.

(2) Were there any pets in your family?

5 (1) There was (only) one (junior high school).

(2) There were three hundred (students).

(3) It had (only) two (classrooms).

(4) No, there weren't〔were not〕.

6 (1) There are two books on the desk.

(2) There was a boy in front of the library.

(3) Is there anything interesting in the newspaper?

解説

1 (1) There are ～ .「～があります」の文。about「約」, thousand「千」 (2) この little は否定語で, 数えられない名詞について「ほとんどない」の意味を表す。 (3) 未来の文と否定語の no の組み合わせ。There will not be any animals in that forest. と同

意になる。 (4) else は「ほかに」の意味。(Is there) Anything else ? という形で，レストランなどでよく使われる。 (5) children は child「子ども」の複数形。

⚠ ここに注意 (2) little は「ほとんどない」という否定の意味。a little「少しの」と混同しない。

2 (1) there の疑問文には，there と be 動詞を使って答える。「駅の近くに銀行はありますか」「はい，あります」 (2)「花びんの中に水はありましたか」「いいえ，ありませんでした」 (3)「この箱の中に何がありましたか」「オレンジがいくつかありました」という会話になる。文末に in it「その中に」や there「そこに」などを加えてもよい。 (4)「チームには何人のメンバーがいますか」「20 人（のメンバーが）います」 (5)「池には何匹の魚がいましたか」「1 匹の魚もいませんでした」という会話になる。fish は複数形も fish で形がかわらない。

3 (1)「この家には部屋が 5 つあります」 (2)「この市には図書館がいくつありますか」 (3) 上の文では rain は動詞，下の文では名詞として使われている。数えられない名詞なので，「たくさん，多量の」＝ much となる。「先月，雨がたくさん降りました」 (4) 上の文は〈no ＋名詞〉，下の文は〈not any ＋名詞〉で「ひとつも～ない」を表す。「私のポケットにはお金がありません」

4 (1) some DVDs「何枚かの DVD」となるので be 動詞は are を使う。is が不要。 (2) any pets から be 動詞は were を使う。was が不要。

5 (1)「その町には中学校がいくつありましたか」 (2)「その学校には何人の生徒がいましたか」 (3)「その学校には教室がいくつありましたか」 (4)「生徒たちには十分な教科書がありましたか」
〔全訳〕 佐藤さんは昨年，友だちと一緒にアフリカの小さな町に行きました。ある日，彼らはそこの中学校を訪れました。それはその町でただ 1 つの中学校でした。その学校には 300 人の生徒がいましたが，教室が 2 つしかありませんでした。だから生徒の半分は午前中に勉強して，残りは午後に勉強しました。彼らには十分な教科書がなかったので，約 5 人の生徒が，同時に 1 冊の教科書を使わなければなりませんでした。

6 (1)「～の上に」＝ on ～ (2)「～の前に」＝ in front of ～ (3) anything「何か」は単数扱い。

⚠ ここに注意 (3) something, anything, nothing を形容詞で修飾するときは，必ず形容詞を後ろに置く。
× interesting anything

8. 前 置 詞

Step A 　解答 　　　　　　本冊 ▶ pp. 36〜37

1 (1) on (2) at, in (3) on, in (4) in (5) on
2 (1) to, by (2) in (3) At (4) for, for (5) at, on (6) to, after (7) with, in
3 (1) at (2) to (3) at (4) to
4 (1) その銀行は午後 3 時まで開いています。
(2) コアラは昼の間眠ります。
(3) そのかごは美しい花でいっぱいです。
(4) 彼は彼女のそばに座っていました。
(5) 私は星についての本を探しています。
5 (1) Tom lives in Japan with his uncle.
(2) Who is that girl with long hair ?
(3) There is a dog in front of the post office.
(4) Why were you late for the meeting ?

解説

1 「～に」の意味で時を示す前置詞(at, on, in)は，at は時刻，on は日付・曜日，in は週・月・年・季節などに使う。 (1)「日曜日に」＝ on Sunday (2)「6 時に」＝ at six，「午前中の」＝ in the morning (3)「4 月 20 日に」＝ on April 20，「1980 年に」＝ in 1980 (4)「冬に」＝ in winter (5)「土曜日の午後に」＝ on Saturday afternoon

⚠ ここに注意 (5)「月曜日の朝に」や「5 月 1 日の晩に」など，曜日や日付の情報が加わると前置詞は on を使う。
× in Monday morning →○ on Monday morning
× in the evening of May 1 →○ on the evening of May 1

2 (1)「（交通手段）で」＝ by ～ (2)「（言語手段）で」＝ in ～ (3)「最初は」＝ at first (4)「～を待つ」＝ wait for ～，「～の間」＝ for ～ (5)「～を見る」＝ look at ～，「壁に」＝ on the wall (6)「～を聞く」＝ listen to ～ (7)「～を手に持って」＝ with ～ in one's hand

3 (1) be good at ～「～が上手な」 (2) teach ～ to ...「…に～を教える」 (3) arrive at ～「(駅など)に到着する」 (4) belong to ～「～に所属している」

4 (1) until〔till〕「～まで」 (2) during「～の間」 (3) be full of ～「～でいっぱいである」 (4) beside「～のそばに」 (5) look for ～「～を探す」，about「～について」

5 (1)「～に住む」= live in ～，「～と一緒に」= with ～ (2)「長い髪の少女」= girl with long hair (3)「～の前に」= in front of ～ (4)「～に遅れる」= be late for ～

Step B 解答 本冊 ▶ pp.38～39

1 (1) イ (2) イ (3) ウ (4) ア (5) ウ (6) エ
2 (1) 彼はポケットから電車の切符を取り出しました。
(2) この川はその町を通り抜けて海に注いでいます。
(3) 彼はその計画に賛成していますが，私は反対しています。
(4) 犬が通りを横切って歩いていました。
(5) 私たちは空気と水なしには生きられません。
3 (1) with (2) from (3) by (4) for (5) in (6) on
4 (1) Walk along the street and turn left at the first corner.
(2) My grandfather bought it for me for my birthday.
(3) All of them are very kind to me.
5 (1) on (2) to (3) of (4) in (5) with
6 (1) Your idea is different from mine.
(2) She sings like a bird.
(3) I was absent from school the day before yesterday.

解説
1 (1)「その電車は東京と名古屋の間を走ります」
(2)「川に橋が架かっています」 (3) 方角は in で示す。「太陽は東から昇ります」 (4)「あなたは明日ま

でにこの仕事を仕上げなければなりません」 (5) be afraid of ～で「～を恐れる」の意味。「その小さな男の子は犬を怖がっています」 (6) help ～ with ... で「～の…を手伝う」の意味。「私の父は私の宿題を手伝ってくれました」

2 (1) out of ～「～から」 (2) through「～を通り抜けて」，into「～の中に」 (3) この for は「～に賛成して」，against は「～に反対して」の意味。 (4) across「～を横切って」 (5) without「～なしで」

3 (1)「(道具など)で」は with を使う。 (2)「～で〔から〕作る」のように，原料を言うときは from を使う。 (3)「(交通手段)で」は by を使う。 (4)〔連語〕be famous for ～「～で有名だ」 (5)「～後に」という時間の経過は in を使う。 (6)「(テレビ・ラジオなど)で」は on を使う。

4 (1)「駅までの道を教えていただけませんか」「いいですよ。その道に沿って歩いて，最初の角を左に曲がって下さい」 (2)「そのラケットをどうやって手に入れましたか」「祖父が誕生日に私に買ってくれました」 (3)「あなたのホームステイ先の家族はどうですか。彼らは親切ですか」「はい，親切ですよ。みんな私にとても優しくしてくれます」

5 (1) on foot「徒歩で」，on one's way to ～「～へ行く途中で」 (2) pass ～ (over) to ...「～を…に手渡す」，next to ～「～の隣に」 (3) remind ～ of ...「～に…を思い出させる」，hear of ～「～について聞く」 (4) live in「～に住む」，in good health「健康で」 (5) with「(道具)で」，communicate with ～「～と意見を伝え合う」

6 (1)「～と異なる」= be different from ～ (2)「～のように」= like ～ (3)「一昨日」= the day before yesterday，「～を欠席する」= be absent from ～

Step C 解答 本冊 ▶ pp.40～41

1 (1) for (2) in (3) on (4) a (5) was (6) there
2 (1) on, way (2) of, during (3) There, is (4) are, there
3 (1) 何枚の絵が壁にかかっていましたか。
(2) このあたりには数百本の木があります。
(3) 日本にはたくさんの美しい都市があります。たとえば，ここ京都です。

(4) ところで，マイクはどこの出身ですか。

4 (1) I saw it by the window.
(2) Well, there is no difference between the two.

5 (1)① interested ② times
(2) ブラジル産のコーヒーは世界の人々の間で人気があります。
(3)① There are about 200,000,000 (two hundred million) (people there).
② Yes, there are.

6 (1) How many students were there in the classroom after school?
(2) I have to (must) finish this work by next Saturday.

解説

1 (1) leave 〜 for ... 「〜から…に出発する」 (2)「(言語)で」は in を使う。 (3)「夕方〔晩〕に」は in the evening だが，特定の日の場合は on を使う。 (4) 定冠詞の the や所有格の my などがついた名詞は，ふつう there is の文で使うことができない。不定冠詞の a が正しい。 (5) be 動詞を数えられない名詞の snow に合わせる。過去の文なので was が正しい。 (6) there の疑問文には there を使って答える。

2 (1) on one's way home で「家に帰る途中で」の意味。「私たちは今，家に帰る途中です」 (2) look after 〜も take care of 〜も「〜の世話をする」の意味。「〜の間」= during 〜 (3)「この箱は空です」→「この箱の中には何もありません」 (4) there の疑問文は be 動詞を there の前に置く。

> **❗ ここに注意**　(2)「〜の間」は日数や時間などを示す語句のときは for を，特定の休暇などを示す語句のときは during を使う。
> for three days ― during the summer vacation

3 (1) on the wall「壁に」 (2) hundreds of 〜「数百の」，around「〜の周りに」 (3) for example「たとえば」 (4) by the way「ところで」

4 (1) A「お母さん，かばんを探しているんだけど」B「それなら窓のそばで見たわよ」 (2) A「この車はあの車よりいいわ。ローラ，あなたはどう思う」B「ええと，その２つの間に違いはないわね」

5 (1)① be interested in 〜「〜に関心がある」 ② many times「何度も」 (2) be popular among 〜「〜の間で人気がある」 (3)①「ブラジルには何人の

人がいますか」 ②「ブラジルに日本のサッカー選手はいますか」
〔全訳〕今日は，ブラジルについて話すつもりです。
　私は学校でサッカー部に入っているので，この国に関心があります。ブラジル代表のサッカーチームはとても強く，何度もワールドカップで優勝しました。ブラジルには約２億人の人が住んでいます。南アメリカで最大の国です。ブラジル産のコーヒーは世界の人々の間で人気があります。ブラジルに行って，そこでサッカーをする若い日本人もいます。私もいつかそこでサッカーをしたいです。

6 (1)「何人の生徒」= how many students (2)「〜までに」= by 〜

会話表現 (1)

解答　　　　　　　　　　本冊 ▶ pp. 42〜43

1 (1) イ　(2) エ　(3) ア
2 (a)⑤　(b)⑧　(c)①　(d)⑥　(e)②
3 (1) ウ　(2) エ　(3) イ　(4) ア
4 (1) カ　(2) キ　(3) エ　(4) ア

解説

1 (1) カズオ「何も食べないんだね」ユウコ「ええ，食べてないわ」カズオ「どうしたの」ユウコ「お腹が痛いの」 (2) マサオ「すみません，父のために白いシャツを探しています」店員「どのサイズですか」マサオ「Ｌサイズをお願いします」店員「これはいかがですか」 (3) ユミ「とても忙しいのね」タロウ「うん。たくさん仕事をしなければならないんだ」ユミ「手伝いましょうか」タロウ「ありがとう。これらの本を図書館に運んでよ」

2 (a)「山田さんをお願いします」「私です。どちらさまですか」 (b)「すみませんが，時間がわかりますか」「いいえ，すみません。今，腕時計を持っていません」 (c)「とてもうれしい。昨日英語のテストでＡを取ったよ」「よくやったわね」 (d)「あなたのお母さんは昨日，家にいませんでしたか」「はい，彼女は外出していました」 (e)「職業は何ですか，佐藤さん」「私は銀行で働いています」

> **❗ ここに注意**　特別な会話表現に注意。Do you have the time? は時間を，What do you do? は職業を問う表現になる。

3 (1) A「本当に申し訳ありません。赤信号が見えませんでした」B「ふうむ。それでは二度としないように」 (2) A「ごめんなさい。遅れました，でも雪で電車が 5 分遅れたのです」B「よろしい。座りなさい」 (3) A「ご用はおありですか」B「はい，綿のシャツが要るのです。このシャツはいくらですか」A「20 ドルです」 (4) A「どうしましたか。顔色が悪いですね」B「熱があります。とても寒いです」A「お気の毒に。では，診てみましょう」

4 (1)「こちらは～です」＝ This is ～ speaking. (2)「～しますか」＝ Will you ～？ (3)「伝言を残す」＝ leave a message (4) 日本文には表現されていないが，ふつう英語では最後に挨拶をするか感謝の意を表す。「ありがとう」＝ thanks で会話を終えるとよい。

9. 不定詞

Step A　解答　　本冊 ▶ pp.44～45

1 (1) He doesn't like to swim.
 (2) My dream is to go to France.
 (3) To get up early is good.
 (4) I stayed home to help my parents.
 (5) He will be happy to see you.
 (6) You have a lot of work to do today.
2 (1) ウ (2) オ (3) エ (4) イ
3 (1) 私たちは彼を手伝う必要があります。
 (2) 英語を話すことは私には簡単ではありません。
 (3) 私にはテレビを見る時間がありません。
 (4) 私はお金をためるために熱心に働きました。
 (5) 彼は彼の犬を見つけてうれしかったです。
4 (1) to, do (2) to, take (3) To, play
 (4) want〔hope〕, to (5) to, have (6) to, look
5 (1) She began to read the book.
 (2) I will buy something to eat.
 (3) We use a dictionary to learn new words.

解説
1 (1) 不定詞の名詞的用法。「彼は泳ぐことが好きではありません」 (2) 名詞的用法。「私の夢はフランスに行くことです」 (3) 不定詞が主語になる。「早く起きることはよいです」 (4) 副詞的用法(目的)。「私は両親を手伝うために家にいました」 (5) 副詞

的用法(感情の原因)。「彼はあなたに会えてうれしいでしょう」 (6) 形容詞的用法。「あなたは今日するべき仕事がたくさんあります」

> **⚠ ここに注意**　不定詞は〈to ＋動詞の原形〉の形なので，主語が 3 人称単数でも to の後ろの動詞の形を変える必要はない。
> × He doesn't like to swims.

2 (1)「スージーは祖父に手紙を書いています」「それを受け取って彼は喜ぶでしょう」 (2)「兄〔弟〕はとてものどがかわいています」「彼は何か飲むものを欲しがっています」 (3)「ジムは今日することが何もありません」「彼は私たちと映画に行くことができます」 (4)「スミスさんは日本の芸術に関心があります」「彼はそれを勉強するために日本に来ました」

3 (1) 名詞的用法の不定詞が need の目的語になる文。need to ～「～する必要がある」 (2) 名詞的用法の不定詞(To speak English「英語を話すこと」)が主語になる文。 (3) 形容詞的用法の不定詞(to watch TV「テレビを見るための」)が time を修飾している。 (4) 目的を表す副詞的用法の不定詞は「～するために」の意味。 (5) 感情の原因を表す副詞的用法の不定詞。be glad to ～「～してうれしい」

4 (1)「しなければならない」は「するべき」と考える。形容詞的用法の不定詞(to do)で前の名詞 homework を修飾する。 (2)「～するために」は目的を表す副詞的用法の不定詞で表す。 (3)「ギターをひくこと」(to play the guitar)を主語で使う。 (4)「～したい」＝ want〔hope〕 to ～ (5)「大きな家を持つこと」(to have a big house)を be 動詞の補語として使う。 (6) 感情の原因を表す副詞的用法の不定詞。be surprised to ～「～して驚く」

5 (1)「～し始める」＝ begin to ～ (2)「何か食べるもの」は「食べるための何か」と考える。代名詞 something を to eat で修飾する。 (3)「新しい単語を学ぶために」の部分を副詞的用法の不定詞。

Step B　解答　　本冊 ▶ pp.46～47

1 (1) イ, ク (2) エ, カ (3) ア, ウ (4) オ, キ
2 (1) エ (2) ウ (3) ウ (4) ウ
3 (1) ユミは友だちと北海道を訪れることを計画しています。

(2) 彼らは休暇を過ごすためにカナダに行きました。

(3) 書くための紙がいくらかあります。

(4) 私はあなたの家を訪れたいのですが。

(5) ケンは新聞を読んで驚きました。

4 (1) forget, to, do (2) stopped, to, talk

(3) To, study, is (4) Why, To, study〔learn〕

(5) sad, to, lose

5 (1) Her hobby is to collect dolls.

(2) There is no water to drink.

(3) He studies hard to be a doctor.

6 (1) He went to bed at ten to get up early.

(2) I have no time to go out.

〔I don't have (any) time to go out.〕

(3) She decided to be〔become〕a teacher.

解説

1 (1) 名詞的用法の不定詞。 (2) 形容詞的用法の不定詞。 (3) 目的を表す副詞的用法の不定詞。 (4) 感情の原因を表す副詞的用法の不定詞。

❗ ここに注意 (4) 感情の原因を表す副詞的用法と結びつく語を覚えておくとよい。happy〔glad〕「うれしい」，sad「悲しい」，excited「わくわくしている」，surprised「驚いている」，angry「怒っている」など。

2 (1)「あなたの夢は何ですか」に対して，不定詞の名詞的用法を使って「月に旅行することです」と答える。 (2)「なぜあなたは空港に行ったのですか」という why を使った文に対して，不定詞の副詞的用法を使って「友だちを見送るためです」という目的を示す。 (3) something cold to drink で「冷たい飲み物」の意味になる。 (4)「いすにすわる」を英語で表すと sit on a chair となるので，「すわるためのいす」とする場合 a chair to sit on と前置詞が必要になる。

❗ ここに注意 (3) -thing の代名詞を形容詞と不定詞が同時に修飾するときは，〈something ＋形容詞＋ to ～〉の語順になる。

× cold something to drink

○ something cold to drink

3 (1) plan to ～「～することを計画する」 (2) to spend 以下が目的を表す。 (3) 前の名詞 paper を to write on が修飾している。文末に on があるのは，「紙に書く」が write on paper となるためである。 (4) would like to ～は「～したい(のですが)」の意味で，want to ～の控えめな表現。I'd は I would の短縮形。 (5) be surprised to ～「～して驚く」は感情の原因を示す不定詞を含む表現。

4 (1)「～するのを忘れる」＝ forget to ～ (2)「立ち止まる」＝ stop (3) 不定詞(主語)は3人称単数として扱うので，be 動詞は is を使う。 (4)「なぜ」は疑問詞の why を使う。答えの文の「～するためです」は目的を表す副詞的用法の不定詞で表せばよい。 (5)「～して悲しい」＝ be sad to ～

5 (1) 不定詞〈to ＋動詞の原形〉が補語になる文。for が不要。 (2) 名詞 water を to drink で修飾する。「～がない」は no だけで表現できるので，any が不要。 (3)「～になるために」は to be ～で表す。be 動詞も原形を使うので is が不要。

6 (1)「寝る」＝ go to bed，「起きる」＝ get up (2)「外出する」＝ go out (3)「～しようと決める」＝ decide to ～

Step B 　**解答** 　　本冊 ▶ pp. 48～49

1 (1) I had no friends to talk with.

(2) They had no house to live in.

(3) What do you want to be in the future ?

(4) I want something hot to eat.

(5) I came home early to help my mother.

2 (1) nothing, to (2) to, hear (3) to, eat

(4) Remember

3 (1) 地球を守るために，エネルギーを節約するようにしなさい。

(2) 彼女は飲み物を買うために立ち止まりました。

4 (1) There are many places to visit in Kyoto.

〔Kyoto has many places to visit.〕

(2) You need〔have〕to write your name here.

(3) I read this book to answer their question(s).

(4) They will be〔get〕angry to hear the news.

(5) Why do you want to go to Canada ?

— To see my aunt.

5 (1) Yes, he did. (2) Yes, he was.

(3) It is to be a Japanese teacher in America.

(4) He wants to visit Japan again (to study Japanese more).

解説

1 (1)「友だちと話をする」を英語で表すと talk with friends となるので，「話をする（ための）友だち」とする場合 friends to talk with と前置詞が必要になる。 (2)「家に住む」＝ live in a house → a house to live in (3)「～になりたい」＝ want to be ～ (4)「熱い食べ物」は something と to eat の間に形容詞の hot を置く。 (5)「母を手伝うために」の部分を副詞的用法の不定詞で表す。

> **⚠ ここに注意** (1)(2)形容詞的用法の場合，to に続く動詞のあとに前置詞が必要かどうか判断する。

2 (1)「私は今日の午後ひまです」→「私は今日の午後することがありません」 (2)「彼はその知らせを聞いたときうれしかったです」→「彼はその知らせを聞いてうれしかった」 (3)「部屋には食べ物がありませんでした」 (4)「1日に2回あなたの犬を散歩に連れて行きなさい。それを忘れてはいけません」→「1日に2回あなたの犬を散歩に連れて行くのを覚えておきなさい」

3 (1) to protect は目的を表す不定詞。try to ～「～しようとする」 (2) to buy は目的を表す不定詞。something to drink「飲み物」

4 (1) many は a lot of でも可。「訪れるべき所」＝ places to visit (2)「～する必要がある」＝ need to ～ (3)「彼らの質問に答えるために」の部分を副詞的用法の不定詞で表す。 (4)「～して腹を立てる」＝ be〔get〕angry to ～ (5)「なぜ」は疑問詞の why を使う。答えの部分は目的を表す副詞的用法で表す。

5 (1)「ボブは日本での滞在中に日本の高校に行きましたか」 (2)「ボブは日本の友だちとたくさんのことをしてとてもうれしかったですか」 (3)「ボブの夢は何ですか」 (4)「ボブは来年，何をしたいと思っていますか」

【全訳】 ボブはアメリカの高校生です。昨年彼は，日本の高校に通うために10か月間日本に滞在しました。彼は日本に滞在中すばらしい時間を過ごしました。彼は学校祭に参加しました。彼は学校祭でクラスメートと一緒に日本の歌を歌いました。それは彼にとってとてもわく

わくすることでした。彼はまた剣道部に加わって，部員たちと剣道の練習を楽しみました。彼は日本の友だちとたくさんのことをしてそれをとても楽しみました。今，ボブには夢があります。彼はアメリカで日本語の教師になりたいと思っています。彼は日本語をもっと勉強するために来年もう一度日本を訪れたいと思っています。

10. 動 名 詞

Step A **解答** 本冊 ▶ pp.50～51

1 (1) Dancing (2) collecting (3) singing
(4) playing

2 (1) dancing (2) to read (3) watching
(4) making (5) Reading (6) inviting
(7) to see (8) driving

3 (1) 彼はりんごを食べるのをやめました。
(2) 彼はりんごを食べるために立ち止まりました。
(3) 彼女は花を育てているところです。
(4) 彼女の趣味は花を育てることです。

4 (1) saying (2) playing
(3) began〔started〕，raining
(4) finished，cleaning (5) listening
(6) visiting

5 (1) This is good land for growing these flowers.
(2) He stopped knocking on the door.
(3) We enjoyed singing songs together.

解説

1 (1)～(3)名詞的用法の不定詞（「～すること」）は動名詞に書きかえ可能な場合がある。 (4)「彼女は上手にテニスができます」→「彼女はテニスをするのが得意です」

2 (1) enjoy は目的語に動名詞をとる。 (2) want は目的語に不定詞をとる。 (3) like は目的語に動名詞と不定詞の両方をとる。 (4) be afraid of ～ing＝「～するのを恐れる」 (5) books と組み合わせて主語になることができるものなので，動名詞の Reading が適切。 (6) Thank you for ～ing.＝「～してくれてありがとう」 (7) hope は目的語に不定詞をとる。 (8)動名詞は補語になる。

3 (1) stop ～ing＝「～するのをやめる」 (2) stop は不定詞を目的語にとらず，後続の不定詞は必ず副詞

的用法(目的:「〜するために」)になる。　(3)現在
進行形の文。　(4)動名詞が補語になっている。

▶4 (1) without 〜ing =「〜しないで」　(2) How about
〜ing ?=「〜しませんか，〜するのはどうですか」
(3) begin〔start〕は目的語に動名詞と不定詞の両方を
とるが，解答欄が2つなので，動名詞が適切。
(4) finish 〜ing =「〜(すること)を終える」　(5) be
fond of 〜ing =「〜するのが好きである」　(6) look
forward to 〜ing =「〜するのを楽しみにして待つ」

❗ ここに注意　(6) look forward to your letter
「手紙を楽しみにしています」のように，to は不
定詞の一部ではなく前置詞(後ろに名詞を置くこ
とができる)なので，あとには動名詞が続く。
× May is looking forward to visit Kyoto.
○ May is looking forward to visiting Kyoto.

▶5 (1)前置詞 for のあとに動名詞 growing を続ける。
(2)「〜するのをやめる」= stop 〜ing　(3)「〜して楽
しむ」= enjoy 〜ing

Step B　**解答**　本冊 ▶ pp. 52〜53

1 (1) having　(2) inviting　(3) listening
　　(4) visit　(5) playing
2 (1)ア　(2)エ　(3)ウ　(4)イ　(5)ア
3 (1)ウ, is　(2)ア, Working〔To work〕
　　(3)イ, playing　(4)イ, to join　(5)ウ, being
4 (1)あなた〔たち〕はあの人と以前会ったこと
　　を覚えていますか。
　　(2)どうか私に手紙を書くことを覚えておいて
　　下さい。
　　(3)私はこの国を訪れたことを決して忘れない
　　でしょう。
　　(4)私は郵便局に行くのを忘れました。
5 (1) I'm looking forward to hearing from
　　you.
　　(2) We opened the box by using the tool.
　　(3) Spring is a good season for visiting this
　　town.
　　(4) My cousin likes seeing flowers very much.
6 (1) Her hobby is collecting dolls.
　　(2) She went out without saying good-bye.

解説

1 (1)前置詞の後ろは動名詞が入る。「昼食を食べる
前に手を洗いなさい」　(2) Thank you for 〜ing. で
「〜してくれてありがとう」の意味になる。「私をパー
ティーに招いてくれてありがとう」　(3) enjoy は
目的語に動名詞をとる。「私たちは昨夜，音楽を聞
いて楽しみました」　(4) hope は目的語に不定詞を
とる。「私はいつかあなたの国を訪れたいです」
(5) be good at 〜ing で「〜するのが上手だ」の意
味になる。「彼女はバイオリンをひくのが上手です」

2 (1) finish は目的語に動名詞をとる。「私は明日ま
でにそのレポートを書き終えなければなりません」
(2)不定詞の副詞的用法(目的)にすると意味が通る。
「私の兄〔弟〕は始発の電車に乗るために早起きしま
した」　(3) be interested in 〜ing で「〜することに
興味がある」の意味になる。「彼は鳥の写真を撮る
ことに興味があります」　(4) would like to do で
「〜したい(のですが)」の意味になる。「私は今夜，
映画に行きたいのですが」　(5)文意から stop 〜ing
「〜するのをやめる」が適切。「もう11時よ。テレ
ビゲームをするのをやめて寝なさい，トム」

3 (1)主語になる動名詞は3人称単数として扱う。
「本を読むことはあなたにとって役に立ちます」
(2)動詞の原形(work)は主語にならないので，動名
詞または不定詞にする。「一緒に働くことはとても
楽しいでしょう」　(3) How about 〜ing ? で「〜し
てはどうですか」の意味になる。「放課後にサッカ
ーをするのはどうですか」　(4) decide は目的語に不
定詞をとる。「彼女はついに私たちに加わることに
決めました」　(5) be proud of 〜ing で「〜するこ
とを誇りに思う」の意味になる。「あの男性はお金
持ちであることを誇りに思っています」

4 (1) remember 〜ing「〜したことを覚えている」
(2) remember to do「〜することを覚えている」
(3) forget 〜ing「〜したことを忘れる」　(4) forget
to do「〜することを忘れる」

❗ ここに注意　(1)〜(4) remember〔forget〕は
目的語に動名詞をとる場合は「(過去に)〜した
ことを覚えている〔忘れる〕」で，不定詞の場合
は「(これから)〜することを覚えている〔忘れ
る〕」となる。

5 (1) look forward to の後ろは動名詞になる。原形の hear が不要。　(2) by ～ing で「～することによって」の意味。without「～なしに」が不要。　(3) 前置詞の目的語は動名詞になる。原形の visit が不要。　(4) like は動名詞と不定詞のどちらも可能だが，与えられた語句の中に不定詞を構成するための原形の動詞がない。to が不要。

6 (1)「集めること」＝ collecting を補語にする。to collect としても同意だが，語数指定に合わない。(2)「～することなしに」＝ without ～ing

Step B　解答　本冊 ▶ pp. 54～55

1 (1) to study　(2) making　(3) climbing
　(4) swimming　(5) watching　(6) to come
　(7) being　(8) raining

2 (1) 宿題をした後で，私は寝ました。
　(2) 間違えるのを恐れてはいけません。
　(3) 彼の仕事はバスを運転することです。
　(4) 世界中を旅行することによって，私はたくさんのことを学びました。
　(5) 新しいレストランで昼食をとるのはどうですか。

3 (1) stop, reading　(2) riding
　(3) enjoyed, running　(4) taking
　(5) without, answering

4 (1) Did Tom finish painting the wall?
　(2) I'm〔I am〕looking forward to going fishing.
　(3) He stopped talking and began〔started〕eating〔to eat〕the apple(s).
　(4) They enjoyed walking along the river.

5 (1) He stayed there for two weeks.
　(2) No, he wasn't〔was not〕.
　(3) They talked about the (baseball) game.
　(4) He recommended talking about (our〔their〕) favorite things in English.

解説

1 (1)「彼女は留学することに決めました」　(2)「私はカレーをつくるのが得意です」　(3)「彼は山に登るのが好きです」　(4)「ユミは海で泳いで楽しみました」　(5)「あなたはその DVD を見終わりましたか」(6)「明日のパーティーに来るのを忘れないでください」(7)「彼は野球選手になるのをあきらめました」(8)「1 時間前に雨がやみました」

2 (1) after ～ing ＝「～した後で」　(2) be afraid of ～ing ＝「～するのを恐れる」　(3) 動名詞が補語の文。(4) by ～ing ＝「～することによって」　(5) How about ～ing ? ＝「～するのはどうですか」

3 (1)「彼はその物語を読み続けました」（continue to do「～し続ける」）→「彼はその物語を読むのをやめませんでした」（stop ～ing「～するのをやめる」）　(2) go on ～ing「～し続ける」:「私は 1 時間以上馬に乗り続けました」　(3)「私たちは公園を走りました。私たちはそれをとても楽しみました」→「私たちは公園を走るのをとても楽しみました」（enjoy ～ing「～して楽しむ」）　(4) 上の文の before は接続詞で，下の文は前置詞になる。「彼は風呂に入る前にコーヒーを 1 杯飲みました」　(5)「彼は私の質問に答えませんでした，そして去って行きました」→「彼は私の質問に答えずに去って行きました」（without ～ing「～することなしに」）

> **⚠ ここに注意**　(4) before や after は接続詞と前置詞の用法がある。接続詞の場合は〈主語＋動詞〉，前置詞の場合は名詞または動名詞が続く。

4 (1)「～し終える」＝ finish ～ing，「塗る」＝ paint (2)「～を楽しみにする」＝ look forward to ～ing，「魚つりに行く」＝ go fishing　(3) begin〔start〕のあとは eating でも to eat でもよい。　(4)「～して楽しむ」＝ enjoy ～ing，「～に沿って」＝ along ～

5 (1)「岡田先生は 16 歳のとき，どのくらいの期間アメリカに滞在しましたか」　(2)「岡田先生は英語を話すのが得意でしたか」　(3)「スタジアムから帰宅したあとで，岡田先生とトムは何をしましたか」(4)「岡田先生は何をすることを勧めましたか」

【全訳】　こんにちは，みなさん。私の名前は岡田正夫です。私は 10 年前に英語の教師になりました。今日は私の経験について話したいと思います。

　私は 16 歳のときアメリカに行きました。私はアメリカ人の家族のところで 2 週間の滞在を楽しみました。その家族には高校生の少年がいました。彼の名前はトムでした。当時，私は英語をうまく話しませんでしたが，すぐにトムと私はよい友だちになりました。

　ある日，私はトムと一緒に野球の試合を見にスタジアムに行きました。トムも私も野球が大好きでした。試合はとてもわくわくするものでした。私たちはスタジアムから家に帰ると，その試合について話しました。そのと

き私は下手な英語でも彼と英語で話すのを楽しみました。

あなたの大好きなことについて英語で話してみてはどうですか。英語で話すことがもっとおもしろくなるでしょう。

11. 接続詞

Step A　解答　　　　　本冊 ▶ pp. 56～57

1 (1) When　(2) before　(3) As, soon, as
(4) if　(5) so　(6) while　(7) that

2 (1) You must study hard <u>while you are young</u>.
(2) You'll be able to ride a bike <u>if you practice every day</u>.
(3) I'll go out <u>after I finish my homework</u>.
(4) I was absent <u>because I had a bad cold</u>.
(5) I must tell you something <u>before you leave home</u>.
(6) I was very sad <u>when I heard the news</u>.

3 (1) 私は宿題を終えたあととサイクリングを楽しみました。
(2) 私は，マイクはとても親切だと思いました。
(3) 私たちは彼が来るまで，ここで待つつもりです。
(4) 頑張って勉強しなさい，さもないと試験に合格しませんよ。
(5) あなたのおじさんはパリに住んでいるそうですね。

4 (1) I don't think that it will snow tomorrow.
(2) Do you know she can speak French?
(3) If it rains tomorrow, I'll stay home.
(4) He became sick because he worked too hard.

解説

1 (1)「～するとき」＝ when ～　(2)「～する前に」＝ before ～　(3)「～するとすぐに」＝ as soon as ～　(4)「もし～なら」＝ if ～　(5)「だから」＝ so　(6)「～する間に」＝ while ～　(7)「～ということ」は that ～で表す。この that はしばしば省略される。

2 (1)「若い間に熱心に勉強しなければなりません」
(2)「毎日練習すれば，あなたは自転車に乗れるでしょう」　(3)「私は宿題を終えたあと，外出します」
(4)「私はひどいかぜをひいたので，欠席しました」

(5)「あなたが家を出る前に，あなたに何か話さなければなりません」　(6)「私はその知らせを聞いたとき，とても悲しかったです。」

> **❗ ここに注意**　解答に下線をつけた部分は文全体の前に置いてもよい。ただしその場合は，下線をつけた文の終わりにカンマを打つ。
> 例(1) While you are young, you must study hard.

3 (1) after「～したあとで」　(2) I thought (that) ～のように，主節の動詞が過去形のときは，ふつう that 節内も過去形に合わせる（時制の一致）。ただし，訳すときは主節だけを過去にしないと不自然な日本語になる。　(3) until〔till〕「～まで」が導く従属節が文の後半に配置されているが，訳すときは従属節から訳すのが基本。　(4)〈命令文，or ～.〉「…しなさい，さもないと～だ」　(5) I hear (that) ～で「～だそうですね〔私は～と聞いています〕」の意味。この文では接続詞の that が省略されている。

4 (1)「～ではないと思う」というとき，ふつう don't think (that) ～のように，主節の動詞を否定する。(2)「あなたは～ということを知っていますか」は Do you know(that) ～で表す。本問では that が省略されている。(3) カンマ(,)があるので，条件を表す if 節を文の前半に置く。　(4) カンマ(,)がないので，理由を表す because 以下を後半に置く。

> **❗ ここに注意**　(3) 時や条件を表す接続詞の節の中では，未来の内容も現在形で表すことに注意する。
> × if it will rain tomorrow
> ○ if it rains tomorrow

Step B　解答　　　　　本冊 ▶ pp. 58～59

1 (1) エ　(2) カ　(3) オ　(4) ウ

2 (1) Run, and　(2) When, he　(3) after　(4) If
(5) reminded　(6) If, you, don't, help, us

3 (1) 私たちは貧しかったけれども，幸せに暮らしました。
(2) この手紙を受け取ったらすぐに，私に手紙を書いてください。
(3) きっと私たちはその試合に勝つと思います。

4 (1) We believed (that) he was honest.
(2) I fell asleep while I was watching TV.

(3) If it is fine 〔sunny〕 tomorrow, I'll 〔I will〕 go to the park.

(4) He decided to be a doctor because he wanted to help sick people. 〔He wanted to help sick people, so he decided to be a doctor.〕

(5) I'll 〔I will〕 do my homework before I forget (it).

(6) Let's go shopping after we eat 〔have〕 lunch.

5 (1) Because the third year students leave their junior high school (in March).

(2) She planted them last November.

(3) She gave the flowers with messages (to them).

解説

1 (1)「ケイトは1度その町へ行ったので,そこについてたくさん話すことができます」 (2)「ケイトはお金を持っていなかったので,食べ物を買えませんでした」 (3)「もし雨が降れば,彼らは野球をしません」 (4)「ケイトはとても疲れていましたが,熱心に働きました」

2 (1)「もし駅まで走れば,終電に間に合うでしょう」→「駅まで走りなさい,そうすれば終電に間に合うでしょう」(〈命令文, and ~ .〉「…しなさい,そうすれば~だ」) (2) at the age of ~「~歳のとき」と接続詞 when を使った文との書き換え。「5歳のとき彼はアメリカに行きました」 (3)「あなたは寝る前に歯をみがきますか」→「あなたは歯をみがいた後で寝ますか」 (4)〈bring +人+ to ~〉で「人を~に連れてくる」の意味。上の文の直訳は「5分の歩行があなたを駅に連れてくるでしょう」だが,接続詞の if を使って「もし5分歩けばあなたは駅に着くでしょう」として同じ内容の文にする。 (5)「その婦人はとても優しかったので,私は死んだ母を思い出しました」→「その婦人の優しさが,私に死んだ母を思い出させました」(remind ~ of ...「~に…を思い出させる」) (6) without ~は「~なしには」の意味。if を使って同意文を表現する。「あなたの助けがなければ,私たちはその仕事ができないでしょう」

3 (1) although〔though〕 ~ =「~だけれども」 (2) as soon as ~ =「~するとすぐに」 (3) I'm sure (that) ~ =「(私は)きっと~だと思う」

ここに注意 (1)(2) 接続詞が導く節を従属節という。〈接続詞+主語+動詞 ~〉でひとかたまりと認識して訳すこと。

4 (1) believed (that) ~「~だと信じていた」の that 節内も過去形にする(時制の一致)。 (2)「~しているうちに」→「~している間に」と考える。「寝入る」= fall asleep (3) if 節内は明日の天気(未来)だが,現在形で表すことに注意。 (4)「~ので」は〈because +理由〔原因〕〉で表す。so を使う場合は〈理由〔原因〕+ , so +結果〉となる。 (5)「忘れないうちに」→「忘れる前に」と考える。 (6)「食べてから」→「食べたあとに」と考える。

5 (1)「なぜ斉藤先生は3月はいつも悲しく感じるのですか」 (2)「いつ斉藤先生は庭に花の種を植えましたか」 (3)「今年の3月,斉藤先生は彼女のクラスの生徒たちに何を与えましたか」

〔全訳〕 斉藤先生は中学校の先生です。3年生が中学を卒業するので,彼女は3月にいつも悲しく感じます。昨年の11月に彼女は,「もし今庭に花の種を植えたら,来年の3月に花が開くでしょう。私のクラスの40人の生徒たちが中学を卒業するとき,彼らにプレゼントとしてその花をあげたい」と思いました。そして彼女は庭に40個の花の種を植えました。約4か月後,花が開きました。この3月彼女は彼女のクラスの生徒たちにメッセージと一緒に花をあげました。彼女は次のようなメッセージを添えました。「あなたたちが高校生活を楽しむことを願っています」

Step C **解答** 本冊 ▶ pp. 60〜61

1 (1) イ (2) ア (3) エ (4) ウ

2 (1) Don't, or (2) to, hear

(3) without, using (4) Whether, not

3 (1) 彼女に話しかけるのは私にはそう簡単ではありませんでした。

(2) 何もすることがないとき,私はテレビゲームをするのが好きです。

(3) たとえ私たちが離れて暮らしても,私はあなたを決して忘れません。

4 (1) The newspaper says that it will rain tomorrow.

(2) What kind of sports are you interested in watching?

(3) The important thing is to be careful about your health.

(4) I'm looking for someone to play tennis with.

5 ① オ ② イ ③ ア
④ エ ⑤ ウ

6 (1) What do you want to do while you are here ?

(2) I'm〔I am〕 looking forward to seeing〔meeting〕 you again.

解説

1 (1) 時や条件を表す副詞節の中は未来の内容も現在形で表す。leave school「学校を卒業する」 (2) somewhere before「以前にどこかで」となっており過去の内容であるとわかる。したがって remember ～ing「～したことを覚えている」の形が適切（remember to do は「忘れずに～する」の意味）。(3) so「だから」だと文がつながる。 (4) something to eat「何か食べるもの」

⚠ ここに注意
(3) so は後ろに結果が続き，because は後ろに理由が続く。

I missed the train because I got up late.「遅く起きたので，電車に乗り遅れた」

2 (1)「もしそんなに一生懸命に働いたら，あなたは病気になるでしょう」→「そんなに一生懸命に働いてはいけません，さもないと病気になるでしょう」
(2)「私はその知らせを聞いたとき驚きました」→「私はその知らせを聞いて驚きました」 (3)「この本を読みなさい，でも辞書を使ってはいけません」→「辞書を使わずにこの本を読みなさい」（without ～ing「～することなしに」） (4)「明日激しく雨が降るかもしれませんが，私はコンサートに遅れることができません」→「明日激しく雨が降ろうと降るまいと，私はコンサートに遅れることができません」（whether ～ or not「～であろうとなかろうと」）

3 (1) 動名詞が主語になっている。 (2) be fond of ～ing「～することが好き」 (3) even if ～「たとえ～だとしても」

4 (1)「新聞によれば～だ」を「新聞が～と言っている」と考える。 (2)「～することに興味がある」＝ be interested in ～ing (3) 不定詞が補語になる文を組み立てる。「～に注意する」＝ be careful about ～ (4)「だれかとテニスをする」＝ play tennis with

someone → someone to play tennis with「一緒にテニスをするだれか」

5 ①～⑤ 全訳参照。
【全訳】 昨年の8月，フミは新しいドレスが欲しいと思いました。彼女はお母さんと，ドレスを買うために買い物に出かけましたが，よいドレスが見つかりませんでした。お母さんは言いました。「自分でドレスを作ったらどうかしら。私はドレスを作るのが得意よ。手伝ってあげるわ」「やってみる」と彼女は言いました。それから彼女たちはきれいな布をいくらか買いました。布は青くて一面に花のもようがありました。彼女は布を裁とうとして失敗してしまいました。とても大きな失敗でした。彼女はもうドレスはできないと思いました。彼女はとても悲しくて泣きたくなりました。そのときお母さんが言いました。「この布でエプロンを3つ作りましょう」晩に彼女たちは仕事を仕上げました。エプロンはとてもすてきでした。

6 (1)「したい」＝ want to do，「～する間」＝ while ～
(2)「～するのを楽しみにする」は look forward to ～ ing と動名詞を使う。

会話表現（2）

解答
本冊 ▶ pp.62～63

1 (1) ウ (2) カ (3) オ (4) ア
2 (1) エ (2) カ (3) イ (4) ア (5) オ
3 ① ウ ② イ
4 (1) ア (2) エ (3) イ (4) ウ

解説

1 (1) A「これはどうですか」B「この色は好きではありません。別のを見せてください」A「わかりました。どうぞ」 (2) A「あなたの学校生活はどうですか」B「今のところ順調です」A「それを聞いてうれしいです」 (3) A「あなたの辞書を使ってもいいですか」B「もちろん，どうぞ」A「ありがとう」 (4) A「私のかばんをあのテーブルに置いてください」B「わかりました」A「手伝ってくれてありがとう」B「どういたしまして」

2 〔全訳〕
店員　　：何をお探してですか？
キャシー：ハンドバッグを探しています。
店員　　：これはいかがですか？
キャシー：あまり好きではありません。ほかのをいくつ

か見せてもらえませんか？

店員　　：それでは，こちらはいかがですか？

キャシー：何でできていますか？

店員　　：このかばんは革でできています。

キャシー：いくらですか？

店員　　：1万円です。

キャシー：安くしてもらえませんか？

店員　　：すみませんが，百貨店なので，できません。

3〔全訳〕

店員：お手伝いしましょうか？〔いらっしゃいませ。〕

ユキ：はい，お願いします。このTシャツが気に入ったのですが，私には大きすぎます。

店員：小さいのをお見せしましょうか。これはどうですか？

ユキ：すてきです。これにします。いくらですか？

店員：15ドルです。

4〔全訳〕

理香：お母さんがハンバーガーを買うために1000円くれたわよ。何を食べる？

研二：ぼくはチーズバーガーとチキンバーガーとジュースがほしいな。

理香：私はチーズバーガーとジュースがほしいけど，お金が足りないわ。

研二：わかった。注文を変えるよ。ハンバーガー2つとジュース。

店員：ご注文をお聞きしていいですか？

理香：はい。

店員：何にいたしますか？

理香：ハンバーガーを2つとチーズバーガーを1つとジュースを2杯お願いします。

店員：全部で990円です。

（理香は店員にお金を渡す。）

店員：お釣りをどうぞ。

（店員は注文を理香に渡す。）

店員：よい一日を。

理香：ありがとう。

12. 文 構 造

1 (1) look　(2) become　(3) show　(4) name
(5) tell

2 (1) She looks busy.
(2) John wrote a letter to me.

(3) Kumi cooked us curry.

3 (1) どうかあとで私に電話をしてください。
(2) どうか私をメグと呼んでください。
(3) 彼女は息子にサンドイッチを作りました。
(4) 彼女は息子を医者にしました。

4 (1) to　(2) for　(3) for　(4) to

5 (1) Your idea sounds very interesting.
(2) My father gave a watch to me.
(3) May I ask you a question ?
(4) They named their baby Jane.
(5) My words made him angry.

6 (1) I feel happy now.
(2) My brother became an English teacher.
(3) We call the flower *kiku* in Japanese.
(4) He teaches us math.
〔He teaches math to us.〕

解説

1 (1)〈look like ＋名詞〉「〜のように見える」　(2)〈become ＋名詞〔形容詞〕〉「〜になる」　(3)〈show ＋物＋ to ＋人〉「(人)に(物)を見せる」　(4)〈name ＋ A ＋ B〉「A を B と名づける」　(5)〈tell ＋人＋物〔事〕〉「(人)に(物〔事〕)を言う」

！ ここに注意　(2) become は名詞も形容詞も補語にできるが，look は形容詞しか補語にできない。

2 (1)「〜に見える」＝〈look ＋形容詞〉　(2)〈write ＋人＋ a letter〉または〈write ＋ a letter ＋ to ＋人〉で「(人)に手紙を書く」の意味になる。「私に」は文末に加えるという指定があるので to を用いる後者が適切。　(3)〈cook ＋人＋料理〉または〈cook ＋料理＋ for ＋人〉で「(人)に(料理)をつくる」の意味になる。us「私たちに」という1語のみを加えるという指定があるので前置詞を伴わない前者が適切。

3 (1) later「あとで」は副詞で文の要素にならない。この call は「電話をかける」の意味で，SVO の文型になっている。　(2)〈call ＋ A ＋ B〉「A を B と呼ぶ」(SVOC)　(3) この make は「つくる」の意味で，SVOO の文型になっている。　(4)〈make ＋ A ＋ B〉「A を B にする」(SVOC)

4 (1)(4) send「送る」，lend「貸す」は to を使う。(2)(3) buy「買う」，make「つくる」は for を使う。

5 (1)「〜に聞こえる」＝〈sound ＋形容詞〉　(2)「(人)

に(物)を与える」は〈give ＋人＋物〉または〈give ＋物＋ to ＋人〉で表す。与えられている語句に to があるので，後者の形にする。　(3)「(人)に質問する」＝〈ask ＋人＋ a question〉　(4)「AをBと名づける」＝〈name ＋ A ＋ B〉(SVOC)　(5)「AをBにする」＝〈make ＋ A ＋ B〉(SVOC)

6 (1)「〜に感じる」＝〈feel ＋形容詞〉　(2)「(名詞)になる」は become を使う。　(3)「AをBと呼ぶ」＝〈call ＋ A ＋ B〉(SVOC)　(4)「(人)に(教科)を教える」は〈teach ＋人＋教科〉または〈teach ＋教科＋ to ＋人〉で表す。

Step B 解答　本冊 ▶ pp. 66〜67

1 (1) エ，コ　(2) ウ，キ　(3) ア，ケ　(4) イ，カ
(5) オ，ク

2 (1) エ　(2) エ　(3) イ　(4) イ　(5) エ

3 (1) あなたはそのセーターを着てとてもすてきに見えます。
(2) いつ葉が黄色になりましたか。
(3) 彼は私に将来の希望をくれました。
(4) 何があなたをそんなに悲しませたのですか。

4 (1) live, happily　(2) show, us
(3) felt, cold　(4) taught, to, me
(5) keep〔leave〕, open

5 (1) He will become a famous singer.
(2) She didn't tell me her name.
(3) She made a cup of tea for me.
(4) What did you name the doll?

6 (1) That stone looks like a cat.
(2) The news made us surprised.

解説

1 (1) SVOO の文。　(2) SVOC の文。　(3) SV の文。前置詞句や副詞は文の要素にならない。　(4) SVC の文。　(5) SVO の文。

> **ここに注意**　(4) grow や get は補語(形容詞)をとると「〜になる」の意味を表す。

2 (1) speak は補語(形容詞)をとらない。副詞の sadly が適切。「そのとき，彼は悲しげに話しました」(SV)　(2) SVC の文型をとる動詞を選ぶ。「その計画はよさそうに聞こえます」　(3) SVOO の文型をとる動詞を選ぶ。「私は彼におもしろい本を貸しました」　(4)「(人)に(物)を与える」などの文で，

(物)が代名詞のときはふつう〈SVO to〔for〕＋(人)〉の文型を使う。　(5) SVOC の文型をとる動詞を選ぶ。「音楽は私たちを幸せにしてくれます」

3 (1)〈look ＋補語(形容詞)〉「〜に見える」　(2)〈turn ＋補語(形容詞)〉「〜になる」　(3)〈give ＋目的語(人)＋目的語(物)〉「人にものを与える」　(4)〈make ＋目的語＋補語(形容詞)〉「〜を…にする」

4 (1) live「暮らす」は補語をとらないので，「幸せに」は副詞 happily で表す(SV)。　(2)「(人)に(物)を見せる」＝〈show ＋人＋物〉(SVOO)　(3)「〜に感じる」＝〈feel ＋補語(形容詞)〉(SVC)　(4)「(人)に教科を教える」＝〈teach ＋教科＋ to ＋人〉(SVO)　(5)「〜を…の状態にしておく」＝〈keep〔leave〕＋目的語＋補語(形容詞)〉(SVOC)

5 (1)「〜になる」は名詞 a famous singer が補語なので，become を使う。get が不要。　(2) この「言う」は「教える」の意味なので，tell を使う。say が不要。　(3)「お茶をいれる」→「お茶をつくる」と考える。make を第3文型で表すときは，for を使う。to が不要。　(4) たとえば「その人形をリカと名づける」の場合を考えると，name the doll Rika となる。補語は Rika という名詞なので，ここを問う疑問詞は what が適切。how が不要。

> **ここに注意**　(1) get にも「〜になる」の意味があるが，補語に形容詞が続く。
> × He will get a famous singer.
> ○ He will become a famous singer.

6 (1)「(名詞)のように見える」＝〈look like ＋名詞〉　(2) make を使った SVOC の文を組み立てる。「驚いた」＝ surprised

Step B 解答　本冊 ▶ pp. 68〜69

1 (1) made, you　(2) lent, to　(3) of
(4) call, Beth

2 (1) Will you pass me the salt?
(2) He looks like a movie star.
(3) He turned pale when he heard her voice.
(4) You should keep your room clean.
(5) I'll send some of the pictures to you.

3 (1) She looked tired.
(2) I'm going to give him a soccer ball.
〔I'm going to give a soccer ball to him.〕

(3) He named it〔his dog〕Kuro.

4 (1) I think (that) he will become〔be〕a good baseball player.

(2) This book made her a famous writer.

(3) He looked sad when I showed him your picture. 〔He looked sad when I showed your picture to him.〕

5 (1) イ (2) ウ (3) エ (4) オ (5) カ

解説

1 (1)「なぜあなたは昨日，あんなに怒ったのですか」→「何が昨日，あなたをあんなに怒らせたのですか」 (2)「私は彼からこの本を借りました」→「彼は私にこの本を貸しました」 (3) ask を第4文型から第3文型に書き換えるときの前置詞は of を使う。「彼は私に質問をしました」 (4)「彼女の名前はエリザベスです。ベスが彼女の愛称です」→「彼女の友だちはふつう彼女をベスと呼びます」

⚠ ここに注意 (1) 本問では疑問詞の what が主語だが，〈make + O + C〉では物が主語になることが多い。

2 (1) pass「手渡す」は SVOO の文型をとる。 (2)〈look like +名詞〉「～のように見える」 (3)〈turn + C)〉「～になる」 (4)〈keep + O + C〉「O を C の状態にしておく」 (5) send「送る」は SVOO の文型が可能だが，to があるので〈物+ to +人〉の語順(SVO)にする。

3 (1)「メアリーは昨夜，どのように見えましたか」「彼女は疲れて見えました。」 (2)「あなたはお兄さん〔弟〕に何をあげるつもりですか」「私は彼にサッカーボールをあげるつもりです」 (3)「彼は彼の犬を何と名づけましたか」「彼はそれをクロと名づけました」

4 (1)「(名詞)になるだろう」= will be〔become〕～ (2)「O を C にする」は〈make + O + C〉で表す。「作家」= writer (3)「(人)に(物)を見せる」=〈show +人+物〉または〈show +物+ to +人〉

5 (1)～(5) 全訳を参照。

〔全訳〕

ディック：スージー，君の地図を使ってもいいかい？

スージー：いいわよ。私の部屋にあるの。持ってきてあげるわ。

ディック：ありがとう。

(スージーは部屋に行く。地図を見つけて，それを持ってもどってくる。)

スージー：さあ，どうぞ。それで何をするの？

ディック：ボブとぼくは旅行の計画を立てているんだ。

スージー：またダラスに行くの？

ディック：いいや，行かないよ。ダラスに行くのなら地図はいらないよ。道はとてもよく知っているからね。ほかの所に行きたいんだ。

スージー：なぜ？ とてもすてきな所だと多くの人が思っているわ。

ディック：ぼくたちは昨年，そこがあまり気に入らなかったんだ。あそこは人が多すぎた。今年は静かな所でキャンプをしたい。

スージー：グリーン先生がキャンプにいい場所をたくさん知っているわ。彼に話してみた？

ディック：ああ，スージー。彼はぼくたちにキャンプ場の名前を3つ教えてくれたよ。それらを地図で探したいんだ。

スージー：わかったわ。私の地図に載っているといいわね。

13. 文 の 種 類

Step A **解答** 本冊 ▶ pp.70～71

1 (1) Be patient. (2) Don't be late for school.

(3) Don't you play video games ?

(4) You are from Kyoto, aren't you ?

(5) Tom likes cats, doesn't he ?

2 (1) What (2) How (3) How (4) Aren't

(5) Doesn't (6) weren't (7) didn't (8) does

3 (1) ジムは野球をしますね。

(2) この建物はなんと古いのだろう。

(3) あなたはなんと美しい花を育てているのだろう。

(4) あなたはカナダ出身ではないのですか。
— はい，違います〔カナダ出身ではありません〕。

4 (1) How fast he is running !

(2) What a beautiful doll she gave me !

(3) Why don't you go with me ?

(4) Don't be too nervous.

5 (1) Isn't, he (2) Yes, is

(3) What, difficult (4) How, pretty〔cute〕

(5) did, they (6) isn't, there

1 (1) be 動詞の命令文は原形の be を文頭で使う。
(2) be 動詞の否定の命令文は，Don't be ～ . となる。
(3) 一般動詞の否定疑問文。Don't を主語の前に置く。 (4) 主文が You are ～なので，aren't you ? が付加疑問になる。 (5) 主文が Tom likes ～なので，doesn't he ? が付加疑問になる。

2 (1) 感嘆文で〈形容詞＋名詞〉が続くときは what を使う。 (2)(3) 感嘆文で形容詞〔副詞〕だけが続くときは how を使う。 (4) be 動詞の否定疑問文なので aren't を使う。 (5) 一般動詞の否定疑問文。主語が 3 人称単数なので doesn't を使う。 (6) 主文が were の肯定文なので weren't を使う。 (7) 主文が過去の肯定文なので didn't を使う。 (8) 主文が現在の否定文で主語が 3 人称単数なので does を使う。

3 (1) 付加疑問は「～ですね」と相手に確認する文。
(2)(3) 感嘆文は「なんと～だろう」と訳す。 (4) 否定疑問文「～ではないのですか」は答え方に注意する。

⚠ ここに注意 (4) 否定疑問文の答えの文では，yes / no の訳し方が逆になる。

4 (1)〈How ＋形容詞〔副詞〕＋主語＋動詞 ～ !〉の語順。 (2)〈What ＋ a ＋形容詞＋名詞＋主語＋動詞 ～ !〉の語順。 (3)「～しませんか」は Why don't you ～ ? で表すことができる。 (4) be 動詞の否定の命令文は Don't be ～ . で表す。

5 (1) 主語が he の be 動詞の否定疑問文。 (2) 否定疑問文の答えでは「いいえ」という日本語訳でも yes となる。 (3) 名詞を伴う difficult questions「難しい質問」を強調するので，what を使った感嘆文にする。 (4) 形容詞 pretty「かわいい」を強調するので how を使った感嘆文にする。 (5) 主語が Ken and Tom なので代名詞 they を使う。 (6) There is の付加疑問は，代名詞の代わりに there を使う。

Step B 解答 本冊 ▶ pp. 72～73

1 (1) Yumi will come here soon, won't she ?
(2) Let's work together, shall we ?
(3) Help us, will you ?
(4) How useful these books are !

(5) What a sweet voice you have !
(6) Didn't Ken go to the concert ?

2 (1) What, an, interesting (2) How, fast
(3) Why, don't (4) be, quiet

3 (1) ジムはギターをひけないのですか。― いいえ，ひけますよ。
(2) 間違えるのを恐れてはいけない。
(3) あなたはなんと大きな間違いをしたのだろう。
(4) 次の日曜日，私の家に来ませんか。

4 (1) Don't be surprised when you know the truth.
(2) How cold it was yesterday !
(3) What old buildings those are !
(4) Be kind to others when they are in trouble.

5 (1) Mari can play the piano, can't she ?
(2) Doesn't your sister like dogs ? ― No, she doesn't.
(3) These notebooks aren't yours, are they ?
(4) You didn't have〔eat〕breakfast this morning, did you ?
(5) How lucky we are!
(6) What a good soccer player he is !
(7) Don't be shy when you speak English.
(8) Didn't you take a bath yesterday ? ― Yes, I did.

解説

1 (1) 主文が will の肯定文の付加疑問は will の否定形の短縮形 won't を使う。 (2) Let's ～ . の文の付加疑問は shall we を使う。 (3) 命令文の付加疑問は will you を使う。 (4) useful のあとに名詞がないので，How で始める。 (5) sweet のあとに名詞 voice があるので，What で始める。 (6) 一般動詞の過去の文なので，否定疑問文は Didn't で文を始める。

2 (1)「これはとてもおもしろい話です」→「これはなんとおもしろい話だろう」 (2)「彼らはとても速い泳ぎ手です」→「彼らはなんと速く泳ぐのだろう」
(3) How about ～ing ? を Why don't you ～ ? で書き換える。「図書館に行くのはどうですか」 (4)「騒音をたてないでください」→「静かにしてください」

3 (1) 否定疑問文「～ではないのですか」は答えるとき yes / no の日本語が逆になる。 (2) be 動詞の否

定の命令文。be afraid of 〜ing「〜するのを恐れる」 (3)感嘆文。make a mistake「間違える」 (4) Why don't you 〜？は「〜しませんか」の意味。

4 (1) be 動詞の否定の命令文なので，Don't のあとに be 動詞の原形 be がくる。are が不要。 (2)It was very cold yesterday. の感嘆文。what が不要。 (3) buildings と複数形なので What のあとに an が不要になる。 (4) be 動詞の命令文なので，Be で始める。you が不要。

> ⓘ **ここに注意** (2) 天候を表す文の主語は it を使う。it を使わないと不要語が 2 語になってしまう。
> × How cold yesterday was！
> ○ How cold it was yesterday！

5 (1)主文が肯定文なので，付加疑問は否定の短縮形を使う。 (2)(8)否定疑問文は，答え方に注意する。 (3)(4)主文が否定文なので，付加疑問は肯定の形を使う。 (5) We are very lucky. を感嘆文にすればよいので how を使う。 (6) He is a very good soccer player. を感嘆文にすればよいので what を使う。 (7) be 動詞の否定の命令文にする。「恥ずかしがる」 = be shy

Step C 解答　　本冊 ▶ pp.74〜75

1 (1)ア (2)エ (3)ア (4)ア

2 (1)Don't, be (2)for, me (3)teaches, us

3 (1)There was no water in the pool, was there？
(2)What do they call the dog？
(3)What a good English speaker Noriko is！
(4)Didn't Susie buy the bag？— Yes, she did.

4 (1)天気は暖かくなってきています。
(2)彼女は私にコップ 1 杯の水をくれました。
(3)あなたのお父さんは泳げないのですか。
　 — はい，泳げません。
(4)両親を悲しませてはいけません。

5 ①ウ ②ア ③オ ④カ ⑤イ

6 (1)He became a famous singer in Japan.
(2)What a strong man he is！
(3)You must always keep your hands clean.
(4)Ken and Yuki didn't help their mother yesterday, did they？

解説

1 (1)〈become ＋名詞〉「〜になる」 (2)〈Why don't you 〜？〉「〜しませんか」 (3)〈make ＋ O ＋ C〉「O を C にする」 (4)主文が can の肯定文なので，付加疑問では can't になる。また，ふつう付加疑問では代名詞を用いる。

2 (1)禁止の must not と否定の命令文の書き換え。「間違いを恐れてはいけません」 (2)第 4 文型から第 3 文型への書き換え。buy の場合，前置詞は for を使う。「父は私に新しい野球のバットを買ってくれました」 (3)「佐藤先生は私たちの数学の先生です」→「佐藤先生は私たちに数学を教えます」

3 (1)there is の文の付加疑問は，主語の代わりに there を使う。 (2)John という名詞をたずねるので，疑問詞は what を用いる。 (3)感嘆文の書き換え。〈How ＋副詞＋主語＋動詞！〉→〈What ＋(a)＋形容詞＋名詞＋主語＋動詞！〉 (4)一般動詞の過去形の文なので，Didn't を文頭に置いて否定疑問文にする。

> ⓘ **ここに注意** (2) how「どのように」は形容詞(句)や副詞(句)を問う疑問詞で，名詞を問うときには使わない。
> × How do you call the dog？
> ○ What do you call the dog？

4 (1)SVC の文。〈get ＋形容詞〉「〜になる」 (2)SVOO の文。a glass of 〜「コップ 1 杯の〜」 (3)否定疑問文の答えでは，No を「はい」と訳すことになる。 (4)〈make ＋ O ＋ C〉「O を C にする」

5 ①〜⑤ 全訳を参照。
〔全訳〕 （デパートで）
店員：いらっしゃいませ。
エミ：すてきなドレスを探しています。
店員：こちらにあります。試着してみてください，お嬢さん。
（彼女は試着する）
エミ：これは少し小さすぎるわ。別のを見せてください。
店員：こちらはいかがですか？
エミ：いいわ。これをいただきます。おいくら？
店員：5000 円です。
エミ：なんて安いんでしょう。私は運がいいわ。

6 (1)「(名詞)になる」＝〈become ＋名詞〉 (2)名詞を含む strong man「強い男性」を強調するので，

what の感嘆文が適切。　(3)「O を C の状態に保つ」
＝〈keep ＋ O ＋ C〉　(4)主語が Ken and Yuki なの
で，付加疑問の代名詞は they を使う。

14.　～er，～est，as ～ as ...

1　(1) colder　(2) heavier　(3) larger
　　(4) biggest　(5) fastest
2　(1) 私たちの学校はあなた(たち)のと同じく
　　らい古いです。
　　(2) 私はあなたほど若くありません。
　　(3) あの犬はこの犬より小さいです。
　　(4) マリのかばんとエリのかばんでは，どちら
　　のほうが新しいですか。
　　(5) 3 人の中でだれがいちばん忙しいですか。
3　(1) You are the happiest girl in the world.
　　(2) I got up earlier than my mother.
　　(3) I am as busy as you.
4　(1) longer，any　(2) No，tall
　　(3) earliest，of　(4) as，fast，as
　　(5) the，tallest，in
5　(1) This box is as heavy as that box〔one〕.
　　(2) Mt. Fuji is the highest mountain in Japan.
　　(3) Who runs faster, Ken or Masao ?
　　(4) He worked (the) hardest of the three.
　　(5) My bike is not as〔so〕new as yours.
　　(6) This book is easier than mine.

解説

1　(1)(5) たいていの語の比較級〔最上級〕は er〔est〕を
つける。(1)「今日は昨日より寒いです」　(5)「マサル
は彼のクラスでいちばん速く走ります」　(2)〈子音
字＋y〉で終わる語の比較級〔最上級〕は y を i にか
えて er〔est〕をつける。「金と鉄では，どちらのほう
が重いですか」　(3) e で終わる語の比較級〔最上級〕
は r〔st〕をつける。「京都は大阪より大きいです」
(4)〈短母音＋子音字〉で終わる語の比較級〔最上級〕
は子音字を重ねて er〔est〕をつける。「この少年は 5
人の中でいちばん大きいです」
2　(1) as ～ as ...「…と同じくらい～」　(2) not as ～
as ...「…ほど～でない」　(3) smaller は small「小
さい」の比較級。one は名詞(dog)の反復を避ける
ための語。　(4) newer は new「新しい」の比較級。
(5) busiest は busy「忙しい」の最上級。

3　(1) happiest は happy「幸福な」の最上級。　(2)
earlier は early「早く」の比較級。　(3)「…と同じ
くらい～」＝ as ～ as ...
4　(1)「ほかのどの～よりも…」＝〈比較級＋ than any
other ＋名詞の単数形〉　(2) 否定語を含む主語(no
one「だれも～ない」)と，〈as ＋原級＋ as〉が組み
合わさった表現。　(3) 最上級の文。all の前には of
を使う。　(4) 原級の文。「…と同じくらい～」＝ as
～ as ...　(5) 最上級の文。your family の前には in
を使う。

⚠ ここに注意　　(3) 文意から all of them や all
the girls と補足できれば，all が複数を指すと理
解できる。
× She gets up the earliest in all (of them).

5　(1)「～と同じくらい重い」＝ as heavy as ～　(2) 山
などが「高い」は high で表す。最上級→ highest
(3) 速度などが「速く」は fast で表す。比較級→
faster　(4)「一生懸命に」は hard で表す。最上級→
hardest，数を示す the three の前には of を使う。
副詞の最上級は前につく the は省略することができ
る。(5)「…ほど～でない」＝ not as〔so〕～ as ...
(6) easy の比較級は easier になる。

1　(1) エ　(2) ウ　(3) イ　(4) ウ
2　(1) 外はだんだん寒くなってきています。
　　(2) 彼は彼のお父さんより少し背が低いです。
　　(3) できるだけ速く走りなさい。
　　(4) 彼は世界でもっとも偉大なサッカー選手の
　　1 人です。
3　(1) as〔so〕，dark，as　(2) fastest，runner
　　(3) No，hard　(4) four，younger
　　(5) three，times
4　(1) I am not as young as Ken.
　　(2) Mine is a little older than yours.
5　(1) No, she can't〔cannot〕.
　　(2) Mr. Kato is.　(3) Yes, she does.
6　(1) Is Yokohama the second largest〔biggest〕
　　city in Japan ?
　　(2) Tom came a little earlier than usual.
　　(3) I can't〔cannot〕swim as〔so〕fast as Tom.
　　(4) It is much warmer today than yesterday.

1 (1) them は複数を表すので，最上級と共に使う前置詞は of が適切。「タケシは彼らの中でいちばん若いです」 (2) much は比較級を強調する働きをする。「中国はインドよりずっと大きい」 (3) twice as ～ as ... で「…の2倍～」の意味になる。「彼女はあなたの2倍の年齢です」 (4)〈no other ＋単数名詞〉を主語にして，比較級と組み合わせると，「ほかのどの（名詞）も…より～ではない」という意味になる。「世界のどの川もナイル川より長くはない」

2 (1)〈比較級 and 比較級〉で「だんだん〔ますます〕」の意味。 (2)〈a little ＋比較級＋ than ...〉「…より少し～」 (3) as ～ as you can「あなたができる限り～」 (4)〈one of the ＋最上級＋複数名詞〉「最も～な…のうちのひとり〔ひとつ〕」

3 (1)「この部屋は私の部屋より明るいです」→「この部屋は私の部屋ほど暗くありません」 (2)「彼女はクラスのほかのどの生徒よりも速く走ります」→「彼女はクラスでいちばん速い走り手です」 (3)「ビルはクラスでいちばん働き者でした」→「クラスのだれもビルほど一生懸命に働きませんでした」 (4) 程度の差は比較級の前に置いて表現する。「私の兄は17歳です。私は13歳です」→「私は兄より4歳年下です」 (5)「この橋は100メートルの長さです。あの橋は300メートルの長さです」→「あの橋はこの橋の3倍の長さです」

ここに注意 (5) twice「2倍」以降の倍数表現は，ふつう three times「3倍」，four times「4倍」のように times を使った表現になる。

4 (1) A「あなたはケンより若いですか」B「いいえ。私はケンほど若くありません」 (2) A「あなたのコンピュータは私のものより新しいですか」B「いいえ。私のものはあなたのものより少し古いです」

5 (1)「マキはクラブでいちばん速く走ることができますか」 (2)「クラブではだれがいちばん年上のメンバーですか」 (3)「マキはいつもクラブのほかのどのメンバーよりも一生懸命に練習をしますか」
〔全訳〕 マキは走るのが好きなので，2年前に彼女の町のランニングクラブに入りました。クラブには15人のメンバーがいて，毎週日曜日の朝に走ります。彼女は走るのを楽しんでいますが，ほかのメンバーほど速く走れません。去年の10月にいちばん年上のメンバーの加藤さんがみんなに「1月に一緒に1万メートルロードレースて走ろう。」と言いました。マキは自分がよいランナーではないことを知っていたので，レースて走りたくありませんでした。しかし加藤さんはマキに「心配しないて。君はいつもクラブの中でいちばん一生懸命に練習している。君ならてきるよ。」と言いました。次の日から，マキは毎朝走り始めました。

6 (1)「…番目に～な」は，序数を最上級の前に置く。 (2) 時刻などの「早く」は early。「いつもより」＝ than usual (3)「…ほど～てない」は not as〔so〕～ as ... だが，can の文なので not の位置に注意。速度の「速く」は fast。 (4)「ずっと」＝ much

ここに注意 (4)「ずっと」の意味で比較級を強めるときは much を使う。
× This box is very bigger than that one.
○ This box is much bigger than that one.

15. more, most, better, best

Step A 解答 本冊 ▶ pp.80～81

1 (1) well (2) best (3) most (4) of (5) better (6) best (7) more

2 (1) ケンにとっていちばん難しい科目は何ですか。
(2) 馬と牛では，どちらのほうが役に立ちますか。
(3) 今年は昨年より雨が多いです。
(4) あなたは白い馬のほうが黒い馬より美しいと思いますか。
(5) あなたはサッカーと野球では，どちらのほうが好きですか。

3 (1) This is the most famous tower in Osaka.
(2) This dictionary is more expensive than mine.
(3) I read more than ten books last month.

4 (1) most, interesting
(2) one, most, women
(3) Which, better, better, than
(4) more, slowly (5) the, best (6) more
(7) best, of

5 (1) Be more careful.
(2) I like spring better than any other season.
(3) What is the most popular sport in China?

1 (1) 原級(well)を使った表現。「私は兄〔弟〕ほど上手にスケートができません」 (2) good の最上級(best)を使った表現。「彼は3人の中でいちばん上手に英語を話します」 (3) common「共通の」の最上級は most common になる。「天気は人々の間でいちばんありふれた話題です」 (4) all the girls と複数を表す語句なので，最上級と共に使う前置詞は of が適切。「彼女はクラスのすべての女子の中でいちばん上手に踊れます」 (5) like 〜 better than ... で「…より〜が好き」の意味になる。「私は猫より犬が好きです」 (6) like 〜 the best で「〜がいちばん好き」の意味になる。「あなたは何のスポーツがいちばん好きですか」 (7) many〔much〕「たくさんの〔多量の〕」の比較級は more になる。「私は彼女よりたくさん本を持っています」

2 (1) the most difficult「いちばん難しい」 (2) more useful「より役に立つ」 (3) この more は形容詞 much の比較級で「もっとたくさんの」の意味。 (4) more beautiful「より美しい」 (5) 2つのうち，どちらが好きかをたずねる文。

3 (1)「いちばん有名な」= the most famous (2)「より高価な」= more expensive (3)「〜以上の」= more than 〜

4 (1) 最上級〈the most ＋形容詞〉の文。 (2)「最も〜なうちのひとり〔ひとつ〕」=〈one of the ＋最上級＋複数名詞〉，woman「女性」の複数形は women になることに注意。 (3)「…より〜が好き」= like 〜 better than ... (4)「ゆっくりと」を表す slowly の比較級は more slowly になる。 (5) good「上手な」の最上級は best になる。 (6) much「たくさんの」の比較級は more になる。 (7)「〜がいちばん好き」= like 〜 the best

5 (1)「気をつける」= be careful (2)〈比較級＋than any other ＋単数名詞〉の表現。 (3)「人気のある」を表す popular の最上級は most popular になる。

> **❗ ここに注意** (2) any other のあとの名詞はふつう単数にする。
> × I like spring better than any other seasons.
> ○ I like spring better than any other season.

---

1 (1) slowly (2) difficult, hers
(3) better, than (4) as〔so〕, as
(5) more, friends

2 (1) Which is the most popular book of the five?
(2) He speaks English better than I.
(3) Mine is much more expensive than this one.
(4) Which color do you like better, red or blue?
(5) Who is the best singer in your class?
(6) We had more snow than usual.

3 (1) He is one of the best players in the world.
(2) Tom has more than three rackets.
(3) She became more and more famous.

4 (1) Western houses look more beautiful than Japanese houses〔ones〕.
(2) What is the most familiar food to Japanese people?
(3) Nothing is as〔so〕important as health.
〔Nothing is more important than health.〕

5 (1) Yes, it was.
(2) No, he couldn't〔could not〕.
(3) Trying〔To try〕to understand each other is.

解説

1 (1)「中学の間，彼は私より速く走りました」→「中学のとき，私は彼よりゆっくりと走りました」 (2)「彼女の質問はあなたのより簡単でした」→「あなたの質問は彼女のより難しかったです」 (3)「サラはクラスのすべての女子の中でいちばん上手にスペイン語を話せます」→「サラはクラスのほかのどの女子よりも上手にスペイン語を話せます」 (4)「夜に運転するのは昼間に運転するより危険です」→「昼間に運転するのは夜に運転するほど危険ではありません」 (5)「トムはビルほど多くの友だちがいません」→「ビルはトムより多くの友だちがいます」

> **❗ ここに注意** (5) 数量形容詞の many の比較級 more「よりたくさんの」は名詞と結びつく。
> many friends「たくさんの友だち」→ more friends「よりたくさんの友だち」

2 (1) A「5つの中でいちばん人気のある本はどれですか」B「こちらの本です」 (2) A「マサオは英語を話しますか」B「はい。彼は私より上手に英語を話します」 (3) A「あなたの腕時計はこの時計より安いですか」B「いいえ。私のものはこの時計よりずっと高価です」 (4) A「赤と青では，あなたはどちらの色のほうが好きですか」B「私は赤より青のほうが好きです」 (5) A「あなたのクラスでだれがいちばん上手な歌い手ですか」B「キョウコです」 (6) A「この冬はたくさん雪が降りましたか」B「はい。いつもよりたくさん雪が降りました」

3 (1)「最も〜なうちのひとり〔ひとつ〕は〈one of the ＋最上級＋複数名詞〉で表す。good の最上級は best になる。 (2)「〜よりたくさんの」＝ more than 〜 (3)「ますます〜」は〈比較級 and 比較級〉の形だが，more の比較級の場合は，〈more and more ＋形容詞〔副詞〕〉にする。

4 (1) beautiful の比較級は more を使う。「〜に見える」＝〈look ＋形容詞〉 (2) familiar「親しみのある」の最上級は (the) most familiar となる。 (3) 否定語の主語(nothing「何も〜ない」)と〈as ＋原級＋as〉を組み合わせて表現する。比較級を使っても同意になる。

5 (1)「キャンプファイヤーはほかのどの活動よりも生徒たちにとってわくわくしましたか」 (2)「ヒデキは他国の生徒たちより上手に英語が話せましたか」 (3)「よい友だちになるために，何が最も重要ですか」

〔全訳〕 ヒデキは大阪の高校生です。彼は夏休みの間に国際キャンプに参加しました。6か国からの80人の高校生たちが長野に5日間滞在しました。

彼らは滞在中たくさんの活動をしました。キャンプファイヤーが彼らにとっていちばんわくわくする活動でした。彼らは火の周りで歌ったり踊ったりして楽しみました。ヒデキはほかの国からの生徒たちほど上手に英語を話せませんでしたが，彼らと英語で話すのを楽しみました。ヒデキは「よい友だちになるためにはお互いを理解しようとすることがいちばん大切なんだ」と思いました。彼はキャンプを通じてたくさん学びました。

Step C 　**解答**　本冊 ▶ pp. 84〜85

1 (1)イ (2)ウ (3)イ (4)ア
2 (1) as〔so〕, rain, as (2) shorter, than

(3) best, swimmer
3 (1) Tokyo is the biggest city in Japan.
(2) Which does he like better, tea or coffee 〔coffee or tea〕?
(3) The students studied as hard as they could.
(4) Nothing is more important than love. 〔Love is more important than anything else.〕
4 (1) He is one of the most famous singers in Japan.
(2) This computer is much newer than mine.
(3) It's getting darker and darker outside.
(4) This bridge is three times as long as that one〔bridge〕.
5 (1) ① found ② running ③ cutest
(2) ④ is not as easy as you
⑤ is more important than anything

解説

1 (1) 比較級の文なので，more が適切。 (2) the three と複数を表す語句が続くので，最上級と共に使う前置詞は of が適切。 (3) more than「〜よりたくさんの」だと意味が通る。 (4)「ジュディは6歳です。ベンは8歳です。ジュディはベンより2歳若いです」

！ ここに注意 (4) twice as 〜 as ...「…の2倍〜」，half as 〜 as ...「…の半分〜」も覚えておこう。

2 (1)「ここではあなたの国ほどひんぱんに雨が降りません」→「ここではあなたの国ほどたくさんの雨が降りません」 (2)「ベンはジムほど背が高くありません」→「ベンはジムより背が低いです」 (3)「私のクラスのだれもジョンほど上手に泳げません」→「ジョンは私のクラスでいちばん上手な泳ぎ手です」

3 (1) big は子音字を重ねてから est をつける。最上級なので冠詞の a が the にかわることにも注意。 (2)「紅茶とコーヒーでは，彼はどちらのほうが好きですか」という疑問文にする。 (3) study → studied に合わせて，can → could にする。「生徒たちはできる限り一生懸命勉強しました」 (4)「愛はすべての中でいちばん大切なものです」→「愛より大切なものはありません〔愛はほかの何よりも大切です〕」

4 (1)「最も〜なうちのひとり〔ひとつ〕は〈one of the

＋最上級＋複数名詞〉で表す。　(2)比較級を強調するときは much を使う。　(3)「だんだん〜」は〈比較級 and 比較級〉の形。　(4)倍数表現は「2倍」の場合は twice を，それ以上の場合は，〜 times を as 〜 as ... の前に置く。

5 (1)① 過去形(不規則動詞)。　② like は目的語に不定詞も可能だが，本問は1語の指定があるので動名詞の running が適切。　③ cute(e で終わる語)の最上級は語尾に st をつける。

(2)④ not as 〜 as ...「…ほど〜ではない」の語順にする。　⑤〈比較級＋ than anything else〉「ほかのどんなものよりも〜だ」の語順にする。

〔全訳〕　A：ホワイトさんへの質問

　先週，私は家の近くの公園で小さな犬を見つけました。彼女はとても空腹そうだったので私は彼女にミルクをやりました。彼女は私と走るのがとても好きです。私にとって彼女は世界でいちばんかわいい犬で，私は彼女を家に連れて行きたいです。両親は「いいよ」と言ってくれないと思います。私は何をすべきですか。

タロウ

　B：回答

　私も犬が好きです，タロウ君，でも犬を世話することは君が思っているほど簡単ではありません。君はその犬についてご両親とお話をしましたか。まず，君は彼らが何を考えているかを知らないといけません。それから，君は自分の考えをご両親に伝えるべきです。もし君が自分の家で彼女を飼いたいならば，コミュニケーションがほかの何よりも大切ですよ。幸運を祈ります，タロウ君！

ホワイト

会話表現（3）

解答
本冊 ▶ pp.86〜87

1 (1)ア　(2)ウ　(3)ア　(4)ウ　(5)イ
2 (1)エ　(2)ア　(3)イ　(4)ウ
3 (1)ア　(2)エ
4 (1)ウ　(2)カ　(3)オ　(4)ク　(5)イ

解説
1 (1)「もしもし，ロジャースさんをお願いします」「少しお待ち下さい」

(2)「どうしたの？　調子が悪そうだね」「頭痛がするの」

(3)「こんにちは，お客様。お手伝いいたしましょうか〔いらっしゃいませ〕」「ただ見ているだけです」

(4)「郵便局に行って，私に切手を買ってくれませんか」「いいですよ。今すぐ行きます」

(5)「これは本当にすばらしいパイです。もう1切れ食べてもいいですか」「自由にお召し上がりください」

2 〔全訳〕
ケン：すみません。セントラルパークと2番通りに行きたいのです。どのバスに乗ってもいいのですか？
ジム：ええ，9番以外はどのバスに乗ってもいいですよ。
ケン：バスはどれくらいに来ますか？
ジム：バスは約5分ごとに来ます。
ケン：2番通りまでどのくらいかかりますか？
ジム：約15分です。遠くありません。ニューヨークは不案内ですか？
ケン：はい。ほんの4日前にここに着きました。
ジム：ニューヨークはどうですか？
ケン：とても気に入っています。あっ，バスが来ました。どうもありがとう。
ジム：どういたしまして。

3 (1)A「私はこの歌が好きです。それを聞いてはどうですか」B「わかりました」

(2)A「私にはやるべき宿題がたくさんあります。だから今日，あなたとサッカーができません」B「ええと，じゃあ次の月曜日はどうですか」A「それはいいですね」

4 〔全訳〕
婦人　：すみませんが，この近くに銀行はありますか？
ヒロシ：はい，あります。
婦人　：銀行へ行く道を教えてください。
ヒロシ：わかりました。まっすぐ行ってください，そうすると郵便局に来ます。それからそこを右へ曲がってください。銀行は角から2つ目の建物です。
婦人　：わかりました。ところで，本屋はどこですか？
ヒロシ：銀行の前です。
婦人　：ここから遠いですか？
ヒロシ：いいえ。数分で着きます。
婦人　：どうもありがとう。
ヒロシ：どういたしまして。

16. 受け身形

1 (1) used　(2) seen　(3) written　(4) taken
(5) spoken　(6) made　(7) built　(8) cut
(9) given　(10) known　(11) bought　(12) put

2 (1) The city was visited by many people.
(2) These songs were loved by young people.
(3) This story isn't〔is not〕written in easy English.
(4) These problems weren't〔were not〕easily solved.
(5) Was this fish caught by your sister?
(6) Are many trees cut down by the government?

3 (1) ケンはいつも兄〔弟〕に手伝ってもらっています。
(2) あの車は父によって洗われました。
(3) フランス語はこの学校で教えられていますか。―はい，教えられています。
(4) 私たちはパーティーに招待されませんでした。

4 (1) spoken　(2) was　(3) is, liked, by
(4) Was, cleaned　(5) it, wasn't
(6) is, not, used

5 (1) That sign is seen in Japan.
(2) The doll was not made by my grandmother.
(3) Were these books found in his room?

解説

1 (1) 規則動詞は(e)d をつける。　(2)～(12) 不規則動詞。(2)(3)(4)(5)(9)(10) 過去形と違う形（A—B—C 型）。(6)(7)(11) 過去形と同じ形（A—B—B 型）。　(8)(12) 原形・過去形と同じ形（A—A—A 型）。

2 (1)(2) be 動詞を過去形にする。　(3)(4) be 動詞のあとに not を置く。　(5)(6) be 動詞を主語の前に出す。

3 (1)(2) by ～「～によって」は行為者を表す。　(3) taught は teach の過去分詞。受け身形の疑問文には be 動詞を使って答える。　(4) invite「招待する」

> **⚠ ここに注意**　(4) 行為者が不明の文（They）invited us to the party. が受け身形になったもの。目的語の us が主語の位置に移動している。

4 (1) speak「話す」の過去分詞は spoken。　(2) 過

去の文は be 動詞の過去形を使う。　(3) 行為者は by ～で表す。　(4)(5) 疑問文は be 動詞を主語の前に置き，be 動詞を使って答える。　(6) 否定文は be 動詞のあとに not を置く。

5 (1) 受け身形「～される」は，〈be 動詞＋過去分詞〉の形で表す。　(2) 否定文は〈be 動詞＋ not ＋過去分詞〉の語順。「～によって」は〈by ＋行為者〉で示す。　(3) 疑問文は〈be 動詞＋主語＋過去分詞 ～?〉の語順。

1 (1) is, studied, by　(2) are, spoken
(3) was, cooked, her
(4) Do, they, sell　(5) Were, broken

2 (1) He was hit by the car.
(2) When were those buildings built?
(3) Where is this bird seen?
(4) What was this dog named?

3 (1) その会議はいつ開催されましたか。
(2) 何本の木が彼らによって切られましたか。
(3) あなたはどこで生まれましたか。―私はロンドンで生まれました。
(4) なぜ日本の車は世界中で使われているのですか。
(5) この橋は何でできていますか。

4 (1) These photos were taken in Hokkaido.
(2) What sport is played in Australia?
(3) This book was not written by him.

5 (1) No, he wasn't〔was not〕.
(2) Two colors are (used for it).
(3) She is called Mei (by them).

6 (1) This big fish was caught by my father.
(2) Coffee is served here.
(3) Is breakfast always cooked by your mother?
― Yes, it is.
(4) When was this machine invented?
(5) What was discovered in the mountain?

解説

1 (1) 能動態：「多くの日本人が中国語を勉強します」→受け身形：「中国語は多くの日本人によって勉強されています」　(2) 能動態：「カナダでは英語とフランス語を話します」→受け身形：「英語とフランス語がカナダで話されています」　(3) 能動態：「彼女

はこのカレーを作りました」→受け身形:「このカレーは彼女によって作られました」　(4)受け身形:「バターはあの店で売られていますか」→能動態:「あの店ではバターを売っていますか」　(5)能動態:「彼女は昨日，これらのコップを壊しましたか」→受け身形:「これらのコップは昨日，彼女に壊されましたか」

本冊 ▶ pp. 92〜93

> **⚠ ここに注意**　(4)受け身形において by them は省略されることが多く，能動態に直すときには主語を補わなければならない。　(4)の they は店の人たちを示すが，これらは特に訳出しない。

2 (1)この hit は過去形なので，受け身形に書きかえるとき be 動詞は was を使う。「彼は車にひかれました」　(2)〈疑問詞 + be 動詞 + 主語 + 過去分詞 〜?〉の形にする。「あれらの建物はいつ建てられましたか」　(3)「この鳥はどこで見られますか」　(4)「この犬は何と名づけられましたか」

3 (1)held は hold「(会などを)開く」の過去分詞。　(2)cut「切る」は過去分詞も同じ形。　(3)be born「生まれる」　(4)all over the world「世界中で」　(5)be made of 〜「〜で作られる」

4 (1)〜(3)受け身形の文なので，それぞれ動詞を過去分詞に直す。(1)take → taken，(2)play → played，(3)write → written

5 (1)「彼は昨夜，パーティーに招待されましたか」という問い。受け身形の疑問文には be 動詞を使って答える。　(2)「いくつの色があの標識に使われていますか」という問い。疑問詞を含む部分が主語なので，〈主語 + be 動詞 .〉だけで答えてよい。　(3)「あの少女は彼女の友だちに何と呼ばれていますか」という問い。〈call + A + B〉「A を B と呼ぶ」の受け身形〈A + be 動詞 + called + B〉「A は B と呼ばれる」の形で答える。

6 (1)catch「捕まえる」の過去分詞は caught，行為者は by で表す。　(2)coffee は不可算名詞なので無冠詞で使う。serve「給仕する」は規則動詞。　(3)疑問文なので〈be 動詞 + 主語 + 過去分詞〉の語順にする。頻度を表す副詞の always は過去分詞の前に置く。　(4)疑問詞 when のあとに疑問文の語順を続ける。invent「発明する」は規則動詞。　(5)疑問詞 what が主語になる文。〈what + be 動詞の過去形 + 過去分詞〉「何が〜されましたか」の形にする。discover「発見する」は規則動詞。

Step B　**解答**

1 (1)is, spoken　(2)is, to　(3)was, at
　(4)were, these, pictures, taken

2 (1)Was the telephone invented by Bell ?
　(2)When and where was this letter found ?
　(3)We are taught English by Mr. Brown.
　(4)These tables are made of wood.
　(5)What is this cat called ?

3 (1)星は夜に見られます。
　(2)多くの人々がその戦争で殺されるでしょう。

4 (1)This dictionary is often used by Alice.
　(2)The baby is taken care of by Amy.
　(3)The room wasn't〔was not〕cleaned by the students yesterday.
　(4)Many stories were written by him.
　(5)He was laughed at by everyone.
　(6)Is the store opened at ten ?

5 (1)Is this watch made in Japan ?
　(2)He is called Dan by his friends.
　(3)What sport is played by the Seattle Mariners ?

6 (1)Is this book read by young people ?
　　— No, it isn't.
　(2)Those rooms will be used tomorrow.
　(3)What time was the library closed ?

解説

1 (1)能動態:「オーストラリアでは何語を話しますか」→受け身形:「オーストラリアでは何語が話されていますか」　(2)能動態:「みんなその有名な芸術家を知っています」→受け身形:「その有名な芸術家はみんなに知られています」　(3)能動態:「その知らせは彼女を驚かせました」→受け身形:「彼女はその知らせに驚きました」　(4)能動態:「彼らはこれらの写真をいつ撮りましたか」→受け身形:「これらの写真はいつ彼らによって撮られましたか」

> **⚠ ここに注意**　(2)(3)be known to 〜「〜に知られている」，be surprised at 〜「〜に驚かされる〔驚く〕」など，by 以外の前置詞を使う受け身形の表現もある。

2 (1)行為者を示す by が不足している。　(2)受け身形は〈be 動詞 + 過去分詞〉で表す。be 動詞の was が不足している。　(3)teach「教える」の過去分詞

taught が不足している。　(4)「木製」は「木でできている」(be made of wood)と考える。前置詞の of が不足している。　(5)疑問詞の what が不足している。

3 (1)(2)助動詞の文の受け身形は〈助動詞＋ be ＋過去分詞〉で表す。

4 (1)〈be 動詞＋過去分詞＋ by〉の形にする。「この辞書はよくアリスに使われます」　(2) the baby を主語にする。「その赤ん坊<ruby>坊<rt>ぼう</rt></ruby>はエイミーによって世話されます」　(3)否定文は be 動詞の後ろに not を置く。「その部屋は昨日，生徒たちによって掃除されませんでした」　(4)前置詞の by の後ろは目的格になる。「多くの物語が<ruby>彼<rt>かれ</rt></ruby>によって書かれました」　(5) him → he が主語になる。「彼はみんなに笑われました」　(6)疑問文は be 動詞を主語の前に置く。「その店は 10 時に開けられますか」

> **❶ ここに注意**　(2) take care of ～「～の世話をする」や，(5) laugh at ～「～を笑う」などの連語を受け身形にするとき，care of や at はそのままの位置に残す。

5 (1) A「すみません。この時計は日本製ですか」B「はい，そうです。それは若者の間でとても人気があります」　(2) A「あなたはあの少年を知っていますか」B「はい。彼の名前はダニエル・ジョーンズです。彼は友だちにダンと呼ばれています」(3) A「シアトルマリナーズによってプレーされるのはなんというスポーツですか」B「野球です」

6 (1) read の過去分詞は read([red]：発音に注意)になる。受け身形の疑問文には be 動詞を使って答える。　(2)「～されるでしょう」＝〈will be ＋過去分詞〉の形。　(3) what time「何時」の後に疑問文の語順を続ける。

17. 現 在 完 了

Step A　解答　本冊 ▶ pp.94～95

1 (1) has　(2) Have, haven't　(3) since
(4) been　(5) eaten　(6) haven't

2 (1) I have seen the picture three times.
(2) She has read the book before.
(3) We have stayed here for three years.
(4) I have never ridden a horse.
(5) Has he ever talked to her ?

(6) The train has just left for Tokyo.
(7) Have you finished the work yet ?

3 (1) Yes, I〔we〕have.
(2) I〔We〕have been busy for two weeks.

4 (1) Has, ever　(2) he, hasn't
(3) have, been, once　(4) have, lived, since
(5) How, has　(6) has, wanted, for
(7) already, cleaned

5 (1) 私は 1 度もあの山に登ったことがありません。
(2) <ruby>彼女<rt>かの</rt></ruby>は 1 週間ずっと病気で<ruby>寝<rt>ね</rt></ruby>ています。
(3) あなたは今までにゴルフをしたことがありますか。— はい，したことがあります。
(4) 彼はまだ私の両親に会っていません。

解説

1 (1) 主語が 3 人<ruby>称<rt>しょう</rt></ruby>単数。　(2) traveled から現在完<ruby>了<rt>りょう</rt></ruby>の疑問文。　(3)「～から〔以来〕」＝ since ～　(4) be 動詞の過去分詞は been になる。　(5) eat の過去分詞は eaten になる。　(6) written から現在完了の否定文。

2 (1)〈have ＋過去分詞〉の形にし，three times は文末に置く。「私はその絵を 3 回見たことがあります」
(2)〈has ＋過去分詞〉の形にし，before を文末に置く。「彼女は以前その本を読んだことがあります」
(3)〈have ＋過去分詞〉の形にし，for three years を文末に置く。「私たちは 3 年間ここに<ruby>滞<rt>たい</rt></ruby>在しています」　(4) 否定語の never は have と過去分詞の間に置く。「私は 1 度も馬に乗ったことがありません」
(5) 主語が 3 人称・単数の疑問文は〈Has ＋主語＋過去分詞〉の形。ever は過去分詞の前。「彼は今までに彼女に話しかけたことがありますか」　(6)〈has ＋過去分詞〉の形にし，just は過去分詞の前。「電車はちょうど東京へ出発したところです」　(7)〈Have ＋主語＋過去分詞〉の形にし，yet は文末。「あなたはその仕事をもう終えましたか」

> **❶ ここに注意**　基本的に副詞(句)は置く場所が決まっている。never, ever, just, already などは過去分詞の前に置く。

3 (1) 現在完了の疑問文には，have〔has〕を使って答える。「あなたは今までにあの男性を見たことがありますか」「はい，あります」　(2) how long は期間を問うときに使う。「あなたはどれくらいの間<ruby>忙<rt>いそが</rt></ruby>し

いですか」「私は２週間ずっと忙しいです」

■ **4** (1)(2) 主語が３人称単数の現在完了の疑問文は〈Has ＋主語＋過去分詞 ～ ?〉の形。「今までに」を表す ever は過去分詞の前に置く。答えの文は否定形の hasn't〔has not〕を使う。　(3)「～へ行ったことがある」＝ have been to ～，「１度」＝ once　(4)「～から〔以来〕」を表す since は継続用法で用いる。(5) 主語が３人称単数の文，「どのくらいの間」＝ how long　(6)「長い間」＝ for a long time　(7)「すでに」を表す already は過去分詞の前に置く。

■ **5** (1) 経験用法。never「１度も～ない」(2) 継続用法。be sick in bed「病気で寝ている」(3) 経験用法。ever「今までに」(4) 完了用法。yet は否定文中では「まだ」の意味。

> **❗ ここに注意** (5) yet は疑問文では「もう（～しましたか）」，否定文では「まだ（～していません)」の意味。

Step B　解答　本冊 ▶ pp. 96～97

1 (1)エ　(2)イ　(3)イ　(4)ア　(5)エ

2 (1) It has been cloudy since last Sunday.
(2) She hasn't〔has not〕written the report yet.
(3) Have the students cleaned the classroom yet?
(4) How long have they been married?
(5) How often〔How many times〕has Tom visited Kyoto?

3 (1) No, haven't　(2) Yes, has.
(3) How, long, have　(4) When, did

4 (1) 私はこんなに小さな時計を１度も見たことがありません。
(2) 私の兄〔弟〕は２日間何も食べていません。
(3) あなたは今までにその博物館〔美術館〕を訪れたことがありますか。
(4) 彼女は何度も北海道へ行ったことがあります。
(5) 彼女はもう日本に戻りましたか。
(6) 彼はすでに宿題をしてしまいましたが，私はまだしていません。

5 (1) He has been dead for five years.
(2) They have known each other since they were children.

(3) I have never invited her to my house.
(4) Has your brother gone to America yet?
(5) I have not saved enough money yet.

解説

1 (1) last year「昨年」から過去の文。　(2) since last week「先週から（ずっと）」があるので，現在完了の文。　(3) for two weeks で「２週間」の意味。yesterday，～ ago は現在完了では使えない。　(4) ever「今までに」(5) 回数は how often で問う。

> **❗ ここに注意** (1)～(3) 現在完了の文では last year や yesterday など過去を明示する語句が使えない。ただし，since last week のように since と組み合わせると使うことはできる。

2 (1) 現在完了は〈have〔has〕＋過去分詞〉の形で表す。「日曜日からずっと曇っています」(2) 否定文は not を have〔has〕の後ろに置く。短縮形は haven't〔hasn't〕になる。また already「すでに，もう」は否定文では yet に置きかえ文末に置く。(3) 疑問文は have〔has〕を主語の前に置く。already は疑問文では yet に置きかえ文末に置く。　(4) 期間をたずねるときは how long を使う。「彼らはどれくらいの間結婚していますか」(5) 回数をたずねるときは how often または how many times を使う。「トムは何回京都を訪れたことがありますか」

3 (1) 現在完了（完了用法）の疑問文。「あなたはもうあの小説を読みましたか」「いいえ，読んでいません。どうぞ，私に話の結末について教えないでください」(2) 現在完了（経験用法）の疑問文。「マイクは今までに納豆を食べたことがありますか」「はい，あります。それは彼の大好物です。彼はそれを毎日食べています」(3) 現在完了（継続用法）の疑問文。「彼らは隣の町にどのくらいの間住んでいますか」「彼らはそこに 10 年間住んでいます」(4) 過去の疑問文。疑問詞の when は現在完了で使うことはできないことに注意。「ジュディはいつ私たちの都市に来ましたか」「彼女は２年前にここに来ました」

4 (1) 経験用法の否定文。never「１度も～ない」は否定語。　(2) 継続用法の否定文。　(3) 経験用法の疑問文。　(4) 経験用法の文。have〔has〕been to ～「～に行ったことがある」(5) 完了用法の疑問文。yet は疑問文では「もう」の意味。　(6) 完了用法の文。後半の but 以下は I haven't (done my homework) yet. のことで，（　）内の語句が省略されている。

5 (1)「5年間ずっと死んでいます」と，死んだ状態が続いていると考える。　(2)「知り合い」→「お互いを知っている(know each other)」と考える。(3)否定語の never「1度も～ない」は過去分詞 invited の前に置く。　(4) gone は go の過去分詞。yet「もう」は文末に置く。　(5) yet「まだ」は文末に置く。

Step B　解答　本冊 ▶ pp.98～99

1 (1) イ，エ　(2) ア，オ　(3) ウ，カ

2 (1) my, first　(2) have, passed
(3) haven't, seen　(4) has, since

3 (1) Has Mari ever seen pandas ?
(2) How often have you played golf ?
(3) The train has already arrived at the station.
(4) I have lived here since I was ten years old.

4 (1) She came to Japan three years ago.
(2) No, she hasn't〔has not〕.
(3) He has been there for six months.

5 (1) It has been sunny〔fine〕(for) these ten days.
(2) Has he read this story yet ? — Yes, he has.
(3) I have never seen such a beautiful picture.
(4) How long have you waited for her ?
(5) He hasn't〔has not〕 started〔begun〕 running〔to run〕 yet.

解説

1 現在完了の用法は使用されている副詞句がヒントになる。(1) 継続用法。since「～以来，から(ずっと)」，how long「どのくらい(の間)」，for「～の間」　(2) 完了用法。already「すでに」，yet「もう」，just「ちょうど」　(3) 経験用法。～ times「～回」，before「以前に」，never「1度も～ない」

2 (1)「私は以前，この市を1度も訪れたことがありません」→「これはこの市への初めての訪問です」
(2)「私は10分間，多くの警官に囲まれています」→「私が多くの警官に囲まれてから10分経ちました」
(3)「私たちが最後に彼を見てから10年経ちました」→「私たちは10年間彼を見ていません」　(4)「彼は昨年の夏札幌に来ました。彼はまだ札幌にいます」→「彼は昨年の夏からずっと札幌にいます」

3 (1) 現在完了を構成する過去分詞の seen が不足している。　(2)「何度」とたずねるときは how often

を使う。　(3) 肯定文の「すでに，もう」は already を使う。　(4) since には接続詞の用法もあり，「10歳から」は since I was ten years old で表すことができる。

4 (1)「ブラウン先生はいつ日本に来ましたか」　(2) No, she never has. と答えることもできる。「マリは今までにインターネットで会話をしたことがありますか」　(3)「マリの兄〔弟〕はパリにどのくらいいますか」

〔全訳〕
マリ　　　　：ブラウン先生，あなたは3年前に日本に来て，あなたのご家族はロンドンに住んでいます。彼らがいなくてさびしいですよね。
ブラウン先生：はい，とてもさびしいです。でも昨夜インターネットで彼らと話をしましたよ。
マリ　　　　：インターネットで話をしたのですか。私は毎日，インターネットを使いますが，それで話をしたことは1度もありません。
ブラウン先生：インターネットで彼らと話をすると，私は彼らの顔を見ることができます。
マリ　　　　：なるほど。私の兄〔弟〕は6か月間パリで勉強をしています。私はインターネットで彼と話をしてみます。
ブラウン先生：それはいい考えですね。

🛡 ここに注意　(1) は過去の疑問文，(2)(3) は現在完了の疑問文。解答は時制に注意すること。

5 (1)「晴れている」＝ be sunny〔fine〕を現在完了で表す。　(2) read「読む」の過去分詞 read [red] は発音に注意する。「もう」＝ yet　(3)「そんなに～な(名詞)」＝〈such (a) ～＋名詞〉　(4)「～を待つ」＝ wait for ～　(5)「まだ～ない」は否定文の文末に yet を置く。

🛡 ここに注意　(3) never は「1度も～ない」と否定の意味を含むので，not と重複させない。
× I have not never seen such a beautiful picture.

18. 疑問詞

1 (1) When　(2) What　(3) Why　(4) Who
　(5) Whose　(6) Which　(7) How, old
　(8) How, much　(9) What, time

2 (1) When will he be free?
　(2) Where can they be seen?
　(3) What color(s) does she like?
　(4) How did she go to school?

3 (1) 彼はいつどこで生まれましたか。
　(2) なぜコアラは昼の間眠るのですか。
　(3) あなたはどんな種類の本を読みますか。
　(4) そのレストランで夕食を食べるのはどうですか。
　(5) この花の名前は何ですか。
　(6) 4月には何日ありますか。

4 (1) He stayed there for two weeks.
　(2) It opens at ten (o'clock).
　(3) She is waiting at the station.
　(4) She goes there on foot.
　(5) It starts in April.

解説

1 (1) A「あなたの誕生日はいつですか」B「4月14日です」　(2) A「あなたは手に何を持っていますか」B「私は手にボールを持っています」　(3) A「なぜ彼女は遅れたのですか」B「電車に乗り遅れたからです」　(4) A「あの女性はだれですか」B「彼女は私のおばです」　(5) A「このかばんはだれのものですか」B「それは私のものです」　(6) A「野球とサッカーでは，あなたはどちらが好きですか」B「私はサッカーのほうが好きです」　(7) A「あなたの兄〔弟〕は何歳ですか」B「彼は16歳です」　(8) A「この帽子はいくらですか」B「それは20ドルです」　(9) A「いま何時ですか」B「私の時計では5時30分です」

2 (1)「彼はいつひまになりますか」　(2)「それらはどこで見られますか」　(3)「彼女は何色が好きですか」　(4)「彼女はどうやって学校へ行きましたか」

3 (1) be born「生まれる」　(2) during「〜の間」　(3) what kind of 〜「どんな種類の〜」　(4) how about 〜「〜はどうですか」　(5) the name of 〜「〜の名前」　(6)〈how many ＋複数名詞〉「いくつの〜」

4 (1)「彼はカナダにどれくらい滞在しましたか」　(2)「銀行は何時に開きますか」　(3)「彼女はどこで待っていますか」　(4)「あなたのお姉さん〔妹さん〕はどうやってそこに行きますか」　(5)「日本の学校はいつ始まりますか」

> **❗ ここに注意**　(4) 交通手段は by を使って表すが，「徒歩で」という場合はふつう on foot となる。

1 (1) He is fifteen (years old).
　(2) He is from Canada.
　(3) He has three (pets).
　(4) He likes basketball.
　(5) It's to be〔become〕a doctor.

2 (1) much　(2) soon　(3) often　(4) tall　(5) far

3 (1) エ　(2) イ　(3) ア　(4) カ　(5) ウ

4 (1) What, length　(2) How, about
　(3) What, price　(4) What, for

5 (1) How will the weather be tomorrow?
　(2) Who takes care of this dog?
　(3) Which season do you like the best?
　(4) Why don't you come with us?

6 (1) What happened to them after school?
　(2) Who is that girl with long hair?
　(3) Why were you absent from school?

解説

1 (1)「マイクは何歳ですか」　(2)「彼はどこの出身ですか」　(3)「彼はペットを何匹飼っていますか」　(4)「マイクはどんなスポーツが好きですか」　(5)「マイクの夢は何ですか」

2 (1)〔値段〕How much 〜?　(2)「どのくらい早く」＝ How soon 〜?　(3)〔頻度〕How often 〜?　(4)〔背丈〕How tall 〜?　(5)〔距離〕How far 〜?

3 (1)「あなたは昨日，どれくらいの間マンガの本を読みましたか」「7時までです」：till〔until〕「〜まで」　(2)「あなたはいつレポートを終えますか」「7時間後に」：in には「〜たてば，〜後に」の意味がある。　(3)「何日ですか」「7日です」：序数を使って日付を示すことができる。　(4)「あなたはどれくらいの間ここにいますか」「7時からです」：since「〜以後，〜から（ずっと）」は現在完了で使う表現。

(5)「あなたの時計では何時ですか」「7時です」：o'clock は「～時ちょうど」の時に使う。

4 (1)「あの橋はどれくらい長いですか」→「あの橋の長さはどれくらいですか」 (2)「映画に行きましょうよ」→「映画に行くのはどうですか」 (3)「この古い切手はいくらですか」→「この古い切手の値段はいくらですか」 (4)「彼はなぜそうしているのですか」→「彼は何のためにそうしているのですか」

> **⚠ ここに注意** (1)(3) the length, the price という名詞を問うので what を使うことになる。

5 (1)A「明日の天気はどうなるでしょうか」B「明日は雨になるでしょう」 (2)A「だれがこの犬を世話していますか」B「私の姉〔妹〕です」 (3)A「あなたはどの季節がいちばん好きですか」B「私は夏がいちばん好きです」 (4)A「私たちと一緒に来ませんか」B「ありがとう，そうします」

6 (1)what が主語になる疑問文。「～に起こる」= happen to ～ (2)who の疑問文。「髪の長い」→「長い髪を持っている」= with long hair (3)why の疑問文。「～を欠席する」= be absent from ～

Step C　**解答**　本冊 ▶ pp.104～105

1 (1)エ (2)イ (3)ウ
2 (1)hasn't, yet (2)made, from
　(3)were, taught (4)have, passed
3 (1)How about a cup of tea ?
　(2)What subject is he interested in ?
　(3)I have never heard of such a strange story.
　(4)How many times have you been abroad ?
4 (1)haven't, been (2)has, lost
　(3)was, found
5 ①ア ②ウ ③ク ④イ ⑤エ
6 (1)She has been sick since last Thursday.
　(2)How much snow did you have here last winter ? 〔How much did it snow here last winter ?〕

解説
1 (1)現在完了の文。 (2)目的(理由)をたずねる。(3)期間を答える。
2 (1)主語が 3 人称単数の現在完了の否定文は，〈has not ＋過去分詞〉の形だが，空欄の数から短縮形の hasn't を使う。「まだ」= yet (2)「(原料)からでき

る」= be made from ～ (3)過去の受け身形の文。teach「教える」の過去分詞は taught になる。 (4)主語が複数の現在完了の文。「(時が)経つ」= pass
3 (1)「～はどうですか」= How about ～ ? (2)「何の教科」= what subject，「～ に興味がある」= be interested in ～ (3)否定語の never は have と過去分詞の間に置く。「～を聞く」= hear of ～ (4)「何回」= how many times，「海外に」= abroad
4 (1)「私たちが最後にイギリスに行ってから 8 年です」→「私たちは 8 年間イギリスに行っていません」 (2)「彼は腕時計を失くしました。彼はそれをどこにも見つけられません」→「彼は腕時計を失くしてしまいました」 (3)「その少年たちは穴の中で何を見つけましたか」→「その少年たちによって穴の中で何が見つけられましたか」

> **⚠ ここに注意** (2) 現在完了の結果用法(「～してしまった(だから今は…だ)」)の文。He has lost his watch. は，「だから今は持っていない(失くしたままだ)」という状態までを含んで言う表現。

5 ①～⑤ 全訳参照。
〔全訳〕
ミユキ：私は今日，買い物に行ったわ。
ナオコ：何を買ったの？
ミユキ：あまり買ってないの。衣類を買っただけよ。シャツを 2，3 枚とハンカチを何枚か。
ナオコ：どこへ行ったの？
ミユキ：デパートへ。
ナオコ：私もデパートで買い物をするのが好きよ。
ミユキ：あなたは今日，何をしたの？
ナオコ：午前中にテニスをしたわ。午後は映画に行ったのよ。
ミユキ：どこでテニスをしたの？
ナオコ：会社のコートへ行ったわ。
ミユキ：そこへ行くのにどれくらい時間がかかるの？
ナオコ：ちょうど 1 時間よ。私はバスで行ったの。2 時頃に戻って，映画に行ったわ。
6 (1)「この前の木曜日から」= since last Thursday
(2)「どのくらいの雪」= how much snow

長文問題（1）

解答　　　　　　　　本冊 ▶ pp. 106～107

1 (1) イ
(2) ① 例 空気中の水分を捕らえる
② 例 水を十分に得られない
(3) ウ
(4) エ

2 (1) ① 例 She (always) takes care of her
(two) brothers.
② 例 She looked happier (than before).
(2) (例) 子どもたちが来る前に，この幼稚園の
先生たちが，毎朝，すべての部屋を掃除す
ること。
(3) イ

解説

1 (1) 本文ではクモの糸がもつ力について書かれているので，イ「驚くべき」が適切。ア「楽しい」ウ「注意深い」エ「たいくつな」
(2) ① 下線部を含む文は「彼らはそれが水問題の解決策になるだろうと考えました」という意味。2 文前に「クモの糸は空気中の水分を捕らえることができます」とある。　② 次の文に「世界のいくつかの地域では，人々は十分な水を得られません」とある。
(3)「これを使うことで，すばらしい服を作っている会社もあります」という文。「それで，科学者たちは人工のクモの糸を作る方法を発見してきました」と「その服はより丈夫でより軽くなりました」の間にあるウに入れるとうまくつながる。
(4) ア「私たちはクモがいつも危険な場所に現れると思っています」イ「クモの糸は水を得て土から石油を作ることができます」ウ「地球を守るために，私たちはクモによって作られた服を買うべきです」エ「クモは私たちに未来を生きるためのいくつかの考えを与えてくれるかもしれません」
〔全訳〕 あなたはクモが好きですか。あなたたちのほとんどは「いいえ」と答えるでしょう。クモが突然現れたら，あなたたちは怖がるかもしれません。あなたたちはクモが危険だと思い，それらから離れたいと思うかもしれません。しかし，ちょっと待ってください！　クモは驚くべき生き物です。

クモはクモの巣を作りますね。クモの巣はクモの糸で

作られていて，多くのものを捕らえることができます。あなたは今までにクモの巣についた水滴を見たことがありますか。そうです，クモの糸は空気中の水分を捕らえることができるのです。科学者たちはクモの糸のすばらしい力を研究してきました。彼らはそれが水問題の解決策になるだろうと考えました。世界のいくつかの地域では，人々は十分な水を得られません。もし彼らがクモの糸のような何かを作れば，それはそのような場所の人々を助けるでしょう。

クモの糸はとても細いので，私たちはそれが弱いと思っています。しかし，それはとても丈夫で軽く伸縮性があるので，私たちはそれを服に使いたいと思います。しかし多くのクモの糸を集めるのは難しいです。それで，科学者たちは人工のクモの糸を作る方法を発見してきました。

これを使うことで，すばらしい服を作っている会社もあります。その服はより丈夫でより軽くなりました。加えて，人工のクモの糸は地球と私たちの未来にとってよいものです。ほかの人工の繊維を作るために私たちは石油を使わなければなりませんが，人工のクモの糸を作るのに石油に頼る必要はありません。それを使えば，石油を節約することができるのです。このように，クモから私たちは未来を生きる方法をいくつか学ぶことができます。

クモが驚くべき力を持っていることがわかりましたね。では，もう一度同じ質問をしてもいいですか。あなたはクモが好きですか。

2 (1) ①「お母さんを助けるために，サオリはいつも何をしますか」という質問。第 1 段落の 3 文目を参照。　②「最後の日に掃除をしているとき，サオリはどんなふうに見えましたか」という質問。第 5 段落の鈴木先生の発言を参照。
(2) 下線部を含む部分は「これを知らなかったので，サオリは驚きました」という意味。前文の鈴木先生の発言を参照。
(3) 下線部を含む文は「これは～な仕事です」という意味。This はサオリの発言にある cleaning「掃除」を指している。次の文で鈴木先生は「私たちは部屋や運動場を掃除するとき，子どもたちのためにそれらの安全性も点検します」と言っている。　イ「重要で特別」が適切。significant は「重要な」「大きな意味のある」などの意味をもつ形容詞。　ア「小さいけれど人気の」ウ「簡単でおもしろい」エ「すばらしいけれど他とちがう」

〔全訳〕 サオリには弟が２人います。彼らは幼稚園に通っています。彼女はいつもお母さんを助けるために彼らの世話をしています。彼女は彼らと遊ぶのが好きです。それでこの前の秋，サオリが職業体験学習をしたとき，彼女は幼稚園で働くことに決めました。

職場体験学習が始まったとき，幼稚園の鈴木先生が「この幼稚園の先生は毎朝，子どもたちが来る前に，すべての部屋を掃除します」と言いました。これを知らなかったので，サオリは驚きましたが，ほかの先生たちと一緒に掃除を始めました。

初日，すべての仕事は楽しいものでした。２日目，サオリは疲れていましたが，熱心に働きました。３日目の朝，彼女はとても疲れて掃除をやめたくなりました。そのとき彼女は鈴木先生を見ました。彼は運動場を掃除していました。彼は幸せそうでした。彼女はそこへ行って「あなたは掃除が好きですか，鈴木先生」と言いました。彼は「そうですね，それは大変ですが，私はいつも子どもたちのためにそれをします。これは重要な仕事です。私たちは部屋や運動場を掃除するとき，子どもたちのためにそれらの安全性も点検します。私はときどき疲れを感じますが，子どもたちのことを考えるように努めています。すると私はより熱心に働くことができます。彼らの笑顔を見ると，私は幸せに感じます」と言いました。

サオリはその晩に家に帰ったあと，自分の体験についてお母さんと話しました。お母さんは「あなたは大切なことを学びましたね。私の場合，私は料理が好きだから料理人になりましたが，私のレストランで人々が食べ物を楽しんで幸せそうにしているとき，私は本当にうれしいです」と言いました。サオリはお母さんの話を聞いて「職業体験学習の前，私は人々が自分の幸せのために働くのだと思っていました。それは大切なことです。今日，私は働くことについてもう１つ大切なことを学びました。私たちは他人の幸せのためにも働き，それは私たちに幸せをもたらしてくれます」と言いました。

職場体験学習の最後の日，サオリは午前中にまたほかの先生たちと一緒に掃除をしていました。鈴木先生は彼女を見て「サオリ，あなたは前より幸せそうですね」と言いました。サオリは「はい。私は子どもたちのために働けてうれしいです！」と言いました。

19. 重要イディオム・表現

Step A　解答　　　　　本冊 ▶ pp. 108〜109

1 (1)あなたは沖縄で楽しい時を過ごしましたか。
(2)あなたの夢をあきらめてはいけません。
(3)彼はとてもお母さんに似ています。
(4)ところで，あなたのご両親はお元気ですか。
(5)彼らは同時に部屋に入って来ました。
(6)私は家へ帰る途中でトムに会いました。
(7)彼は息子をとても誇りに思っています。
(8)私はあなたの話に興味があります。

2 (1)get, off　(2)famous, for
(3)those, days　(4)for, time　(5)at, all

3 (1)Computers have become more and more important.
(2)Some of my friends have been to Australia.
(3)They went out one after another.
(4)There is something wrong with this watch.
(5)She lives in that house by herself.

4 (1)He is very fond of playing the guitar.
(2)I'll〔I will〕take care of this dog.
(3)The bus didn't〔did not〕arrive at the station on time.

解説

1 (1)have a good time「楽しい時を過ごす」 (2)give up「あきらめる」 (3)look like 〜「〜に似ている」 (4)by the way「ところで」 (5)at the same time「同時に」 (6)on one's way home「家へ帰る途中で」 (7)be proud of 〜「〜を誇りに思う」 (8)be interested in 〜「〜に興味がある」

2 (1)「降りる」＝ get off　(2)「〜で有名である」＝ be famous for 〜　(3)「当時」＝ in those days　(4)「初めて」＝ for the first time　(5)「全く〜ない」＝ not 〜 at all

3 (1)「ますます」＝ more and more　(2)「〜の何人か〔いくつか〕は」＝ some of 〜　(3)「次々と」＝ one after another　(4)「〜が故障した」＝ wrong with 〜　(5)「ひとりで」＝ by oneself

4 (1)「〜が好きである」＝ be fond of 〜　(2)be going to を使っても可。「〜の世話をする」＝ take care of 〜　(3)「時間通りに」＝ on time

Step B 解答　本冊 ▶ pp. 110〜111

1 (1) ウ (2) エ (3) ア (4) ウ (5) エ

2 (1) at (2) for (3) too (4) cold (5) time

3 (1) himself (2) call (3) ours

4 (1) few (2) glass (3) pieces〔sheets〕

5 (1) restaurant (2) popular (3) heard
(4) quiet (5) afternoon

6 (1) fail (2) every

解説

1 (1) go on 〜ing「〜をし続ける」 (2) get to 〜「〜に着く」 (3) from time to time「ときどき」 (4) nothing but 〜「〜だけ」 (5) before long「まもなく」

2 (1) at least「少なくとも」，call at 〜「〜を訪問する」 (2) for example「たとえば」，wait for 〜「〜を待つ」 (3) too「〜すぎる」，Me, too.「私もです」 (4) catch a cold「かぜをひく」，cold「寒い」 (5) what time「何時」，in time「間に合う」

3 (1) have a good time ＝ enjoy oneself「楽しい時を過ごす」 (2) call「呼ぶ」 (3) belong to 〜「〜に属している，〜のものである」

4 (1)「2, 3の〜」＝ a few 〜 (2)「1杯の〜」＝ a glass of 〜 (3)「何枚かの紙」＝ some pieces〔sheets〕of paper

5 (1)「レストラン」＝ restaurant (2)「〜の間で人気がある」＝ popular among 〜 (3)「〜について聞く」＝ hear of 〜 (4)「静かな」＝ quiet (5)「午後に」＝ in the afternoon

6 (1)「必ず〜する」＝ never fail to 〜：I never fail to write to my mother once a month. (2)「2日おきに」＝ every third day：I go to the library every third day.

20. 発音・アクセント

Step A 解答　本冊 ▶ pp. 112〜113

1 ア，キ，ク

2 (1) ア (2) イ (3) ウ

3 (1) イ (2) エ (3) イ

4 (1) エ (2) ウ (3) イ

5 (1) イ (2) ウ (3) ア (4) イ

6 (1) × (2) ○ (3) ○ (4) ○ (5) ○ (6) ×

7 (1) イ (2) ア (3) イ (4) エ

解説

1 イ〜カは第1音節を強く読む。

2 (1) アは第2音節，その他は第1音節を強く読む。
(2) イは第1音節，その他は第2音節を強く読む。
(3) ウは第2音節，その他は第1音節を強く読む。

3 (1) 接続詞 because の前で区切る。 (2) 時を示す副詞句の after taking a bath「風呂（ふろ）に入ったあとに」で区切る。 (3) Visiting other countries までの長い主語で区切る。

4 (1) ジュディ「何を探しているのですか，マサオ」マサオ「ええと，帽子（ぼうし）を探しています」 (2) ジュディ「この町にどれくらいの間住んでいますか」マサオ「ここに2年間住んでいます」 (3) ジュディ「どちらのかばんがジロウのですか，マサオ」マサオ「あれが彼（かれ）のものだと思います」

5 (1) wound「傷」の下線部は [uː] の発音。 (2) close「接近した」の下線部は [s] の発音。 (3) bow「おじぎ（なむ）」の下線部は [au] の発音。 (4) tears「涙（なみだ）」の下線部は [iər] の発音。

6 (1) [ɔː] と [ou] (2) 両方とも [au] (3) 両方とも [ɑːr] (4) 両方とも [e] (5) 両方とも [i] (6) [ʌ] と [ɑ]

7 (1) イは [ʌ]，その他は [ou] (2) アは [d]，その他は [t] (3) イは [ai]，その他は [i] (4) エは [e]，その他は [ei]

Step B 解答　本冊 ▶ pp. 114〜115

1 (1) イ (2) ア (3) ウ (4) ウ

2 (1) エ (2) オ (3) ウ (4) エ

3 (1)，(2)，(5)，(8)，(11)

4 (1) ア (2) イ (3) ア (4) ア (5) ウ (6) ア
(7) ア (8) イ

5 ア，エ，ク

6 (1)，(5)

7 (1) ○ (2) × (3) ア (4) イ (5) ○

解説

1 (1) 目的を表す不定詞の前で区切る。 (2) 接続詞 that の前で区切る。 (3) 接続詞 when の前で区切る。 (4) The boys over there までの長い主語で区切る。

2 (1)「あなたはどこに住んでいますか」「私は京都に住んでいます」 (2)「あなたのお兄さん〔弟〕は DVD を買うためにそのお金を使うつもりですか」「いいえ。彼は腕時計（うで）を買うためにそれを使うつもりだと

言っています」　(3)「トムは本当にそれができますか」「みんなは彼にはそれができないと言うけれど，彼にはそれができます」　(4)「タロウのおじさんは船で来ていますか，それとも飛行機で来ていますか」「彼は飛行機で来ています」

3　(3)(6)(9)は第1音節，(4)(7)(10)(12)は第3音節を強く読む。

4　(1)「教室」　(2)「招待する」　(3)「図書館」
(4)「1月」　(5)「理解する」　(6)「村」
(7)「おもしろい」　(8)「重要な」

5　アは3語とも [iər]，エは3語とも [i]，クは3語とも [ɔː]

6　(1)[kɔːld] と [kould]　(2)両方とも [roud]
(3)両方とも [bluː]　(4)両方とも [wʌn]
(5)[wount] と [wɑnt]　(6)両方とも [red]
(7)両方とも [nouz]　(8)両方とも [θruː]

7　(1)3語とも [ʌ]　(2)ア [z]，イ [s]，ウ [ʒ]
(3)アは [k]，あとは [tʃ]　(4)イは [e]，あとは [iː]
(5)3語とも [iər]

Step C　解答　本冊 ▶ pp. 116〜117

1　エ，オ
2　(1)エ　(2)ア　(3)イ　(4)オ
3　1：イ　2：エ　3：ウ　4：エ　5：ア
4　(1) The mountains over there were covered with snow.
　(2) John has been sick in bed since last week.
　(3) My father helped me with my homework.
　(4) We waited for him in front of the station.
5　(1) up　(2) on　(3) used　(4) heavy　(5) look
6　(1) We did our best to win the game.
　(2) My plan is different from yours〔your plan〕.

解説

1　ア 両方とも第1音節にアクセント。　イ Africa は第1音節，remember は第2音節にアクセント。ウ important は第2音節，everything は第1音節にアクセント。　カ Saturday は第1音節にアクセント，museum は第2音節にアクセント。

2　(1)エは [e]，ほかは [iː]　(2)アは [θ]，ほかは [ð]　(3)イは [u]，ほかは [uː]　(4)オは [ʌ]，ほかは [au]

3　(1) be famous for 〜「〜で有名な」　(2) last year から過去の文。　(3)受け身形〈be 動詞＋過去分詞〉の文。hold は「(会などを)開く」の意味。　(4)接

続詞 because「〜なので」を使い，後半部を理由を示す従属節にすると意味が通る。　(5) a lot of 〜「たくさんの〜」

〔全訳〕　カズヤは17歳です。彼は沖縄南高校に通っています。彼の学校は強いサッカーチームで有名です。カズヤはとても上手なサッカー選手です。

彼はまた英語を話すのが得意です。彼は昨年，学校の英語スピーチコンテストで優勝しました。今年はコンテストが9月に開催されます。カズヤは英語の活動が好きなので，それに参加するつもりです。彼は毎日たくさんの練習をしていて，うまくいくことを願っています。

4　(1)「向こうの」= over there，「〜でおおわれている」= be covered with 〜　(2)時制は現在完了〈have ＋過去分詞〉の文。「病気で寝ている」= be sick in bed　(3)「〜の…を手伝う」= help 〜 with …　(4)「〜を待つ」= wait for 〜，「〜の前に〔で〕」= in front of 〜

5　(1) hang up「電話を切る」，look up「見上げる」　(2) on account of 〜「〜の理由で」，on average「平均して」　(3) used to 〜「以前は〜だった」，2つ目の文は受け身形(is used「使われている」)の文。
(4) 1文目の heavy は「(交通量が)激しい」の意味で，2文目の heavy は「(雪などの量が)多い」の意味。(5) look after 〜「〜の世話をする」，look back「振り返る」

6　(1)「全力を尽くす」= do one's best　(2)「〜と異なる」= be different from 〜

総合実力テスト

解答　本冊 ▶ pp. 118〜120

1　(1)エ　(2)ウ　(3)エ
2　(1) to, eat　(2) as〔so〕, as　(3) is, called
3　(1) He made me so happy.
　(2) What kind of flowers should I bring this time?
　(3) There were a lot of people in the park.
　(4) How many times have you been to Nikko?
4　(1) 3　(2) ○　(3) 2
5　① are　② to　ア：again　イ：but
　ウ：use　エ：have
6　(1)ア　(2)エ
7　(1) famous　(2) oldest　(3)イ
　(4) I was surprised to know〔learn〕 that〔it〕.

(5) エ

(6) I hope that the life of the tree will last forever.

(7) It's〔It is〕about 3,000 years old.

解説

1 (1) three days ago から 過 去 の 文。 (2) look forward to ～「～を楽しみにする」の to は前置詞なので後ろに動詞を置くときは～ing 形(動名詞)にする。 (3) 距離をたずねるときは how far を使う。

2 (1) nothing to eat「食べるものが何もない」は不定詞の形容詞的用法。 (2) 比較級「…より～」を not as〔so〕～ as ...「…ほど～ではない」で書き換える。 (3) 能動態から受け身形〈be 動詞＋過去分詞〉への書き換え。

3 (1) 第 5 文型の〈make ＋ O ＋ C〉「O を C にする」を使う。became が不要。 (2)「どんな種類の～」は what kind of ～の形。助動詞 should の疑問文は,〈should ＋主語＋動詞の原形〉の語順。 (3)「～がいる」は there is〔are〕の文。「たくさんの」は a lot of を使う。lot が不足。 (4)「何度」は how many times で表す。現在完了の疑問文は,〈have ＋主語＋過去分詞〉の語順。

4 (1) 1:「私は初めてニューヨークを訪れました」 2:「あれが私の最初のニューヨーク訪問でした」 3:「私はニューヨークを訪れたことが 1 度もありません」

(2) 1:「この薬を飲んだ後, 彼はすぐによくなりました」 2:「この薬がすぐに彼をよくしました」 3:「彼がこの薬を飲むとすぐに, 彼はよくなりました」

(3) 1:「彼女は 30 分で駅に到着することができました」 2:「彼女が駅に到着してから, 30 分が過ぎています」 3:「彼女は半時間〔30 分〕で駅に着くことができました」

5 〔全訳〕

ノリコ : こんにちは, ジョーンズ先生。

ジョーンズ: こんにちは, ノリコ。何をしているのですか？

ノリコ : カナダのスーザンに手紙を書いています。先月カナダに行った時, 彼女を訪ねました。

ジョーンズ: ああ, 思い出しました。カナダでの滞在を楽しみましたか？

ノリコ : はい, とても。もう一度行きたいです。

ジョーンズ: それはよかった。

ノリコ : ジョーンズ先生, 質問があります。

ジョーンズ: いいですよ, 聞いてください, ノリコ。

ノリコ : 私は英語がとても好きですが, 自信がありません。英語に自信を持つためにどうすればいいですか？ いい考えはありますか？

ジョーンズ: そうですね, 日常生活の中で英語を使おうとしなさい。英語で日記をつけることはいい練習です。英語の歌を歌うこともいいです。

ノリコ : まあ, 私は英語の歌を聞くのが好きなので, やってみたいです。

ジョーンズ: いいですね。完ぺきな英語を話す必要はありません。英語の学習を楽しんでくださいね, ノリコ。

ノリコ : ありがとうございます, ジョーンズ先生。

6 (1)「あなたのペンを使ってもいいですか」「もちろんです」 (2)「昼食後にコーヒーを飲みませんか」「いいですね」

7 (1)「～で有名な」＝ be famous for ～ (2)〈one of the ＋最上級＋名詞の複数形〉「最も～なうちの 1 つ」 (3) 現在完了の疑問文。hear of ～「～について聞く」 (4) be surprised to do「～して驚く」(感情の原因を表す不定詞の副詞的用法) (5) when「～するとき」 (6) hope の後ろに that 節(that ＋主語＋動詞)を続ける。 (7)「縄文杉は何歳ですか〔縄文杉の樹齢は何年ですか〕」

【全訳】 ぼくは先月, 家族と屋久島を訪れました。屋久島は大きくて古い木で有名です。ぼくは旅行で日本で最も古い木のうちの 1 本を見ました。あなたは今までに縄文杉と呼ばれる木について聞いたことがありますか。縄文杉の樹齢は約 3,000 年です。ぼくはそれを知って驚きました。初めてその木を見たとき, ぼくは一言も話すことができませんでした。ぼくは静かにその木を見ていました。ぼくはその木にさようならを言っただけで, そこを去りました。ぼくはその木の生命が永久に続くことを願っています。